Martin Gutl

Was mir Kraft gibt

Martin Gutl

Was mir Kraft gibt

Die Hauptgebete und Grundwahrheiten der Christenheit

Verlag Styria

CIP-Kurztitelaufnahme der Deutschen Bibliothek

Gutl, Martin:
Was mir Kraft gibt : d. Hauptgebete u.
Grundwahrheiten d. Christenheit /
Martin Gutl. – Graz; Wien; Köln :
Verlag Styria, 1983.
ISBN 3-222-11481-1

Mitglied der Verlagsgruppe engagement

Printed in Austria
Umschlaggestaltung: Hans Paar, Graz
Gesamtherstellung:
Druck- und Verlagshaus Styria, Graz
ISBN 3-222-11481-1

Inhalt

Vorwort

Dieses Buch ist aus meiner Sehnsucht entstanden, Texte des Glaubens, der Hoffnung und der Liebe ineinander fließen zu lassen.
Unser Glaubensbekenntnis begründet unsere Hoffnung. Wo wir hoffen, werden wir fähig, zu lieben. Unzählige Begegnungen mit Menschen ließen mich erkennen, wie sehr wir alle bedroht sind, zu zweifeln, zu grübeln, zu urteilen, zu verurteilen, zu verzweifeln und zu hassen. Noch nie wurde dem Menschen eine solche Fülle von Lebenseinstellungen angeboten wie heute. Verwirrung und Unsicherheit wachsen. Viele Menschen sind gefährdet, die Dinge und die Menschen einseitig zu sehen. Für mich bedeutet Christsein, das Kreuz auf sich zu nehmen. In der Spannung zwischen Gnade als Geschenk Gottes und Leistung als menschlichem Beitrag zu leben. Nicht zuerst Gott und den Menschen erkennen zu wollen und dadurch mächtig zu werden, sondern zuerst den Menschen zu lieben und so demütig zu bleiben.
Alles Gescheitseinwollen, alle Sucht, eine Methode, ein Rezept für das Christsein zu erarbeiten, erlöst nicht und führt nur zu Krampf und Verbitterung.
Jesus Christus stirbt nicht zufällig am Längsbalken und Querbalken des Kreuzes. Er erlöst uns durch die Verbindung von Hingabe und Erkenntnis, von Wahrheit und Liebe.
Wir alle sind in dieser Weltstunde versucht, Extreme als Auswege in der Krise anzubieten, in die alle Lebensbereiche geraten sind. Die einen kämpfen für Innerlichkeit, die andern für politische Veränderungen. Die einen schwören aufs Beten, den anderen genügt die Nächstenliebe.

Es wird Zeit, daß wir die Spannung, die im Kreuz angedeutet ist, nicht zu verändern, sondern zu ertragen lernen.
Es sollte sich jeder Glaubende fragen: Worauf hoffe ich? Wie weit reicht meine Liebe? Den Menschen, den man grüßt, wirklich mit Liebe und nicht mit Gleichgültigkeit anzuschauen, das ist nach meiner Erfahrung ein richtiger Ansatz des Christseins.
Sich selbst, den andern und Gott trotz aller wissenschaftlichen Neugierde als Geheimnis gelten zu lassen gehört zu den Forderungen der Liebe. Wir Menschen sollten einander nicht ständig einteilen, sondern uns fragen: Wem bin ich durch den Willen des Schöpfers zugeteilt? Der christliche Glaube führt zum Innehalten, zum Hören, was Gott uns sagen will, zum Wachsenlassen und Reifwerden, zum Überwinden und Ertragen der Gegensätze.
Die Texte dieses Buches kommen aus meiner Überzeugung, daß Gott alles in mir und außer mir zum Guten führen wird. Ich habe Ihm keine Zeit vorzuschreiben.
Ich versuche die Hauptgebete und Grundwahrheiten des christlichen Glaubens aus der Sicht, daß Gott jeden von uns liebt, zu deuten. Aufgrund dieses Glaubens sehe ich im Leid und in der Freude einen Teil des Planes Gottes, der uns alle glücklich sehen will.
Dieses Buch ist ein Glaubensbuch. Es kommt aus meiner Zuneigung zu allen Menschen, die eine geistige Kraft brauchen. Möge jeder Leser nicht nur die Worte zur Kenntnis nehmen, sondern auf den ewigen Geist horchen, was er ihm sagen will. Es geht nicht um die Worte, um den Buchstaben, sondern um den *Geist* und um die *Hingabe*!

MARTIN GUTL

Gebete sind Kräfte

Meditationen über
die Hauptgebete der Christen

Das Kreuzzeichen

Wir weisen mit dem Arm nach oben.
Von oben strömt uns die wertvolle,
die positive Energie zu.
Wir weisen nach oben,
nicht nur nach unten,
nicht nur auf den Boden,
wo Sorge, Ärger und Zorn uns drücken.
Wir wenden uns schon am Morgen nach oben,
zu Gott, und sagen: »Im Namen Gottes«.

Im Namen der Allmacht beginne ich,
nicht im Namen der Ohnmacht.
Im Namen Gottes,
nicht im Namen einer Partei,
nicht im Namen eines Tyrannen,
nicht im Namen eines irdischen Vorbildes,
nicht im Namen eines Gewinnes,
nicht im Namen eines Proporzes.
Nicht im Namen einer Konfession oder Kirche,
sondern im Namen Gottes,
der sich uns väterlich zuneigt.

Daher auch im Namen des Vaters,
im Namen eines Vaters,
nicht im Namen eines Gesetzes,
nicht im Namen einer Ewigkeitsmaschinerie,
sondern im Namen eines liebenden Du,
das göttlich und menschlich ist,
beginne ich meinen Tag.

Das Gebet des Herrn

Vater unser

Wer ist für uns?
Wer ist gegen uns?
Einer hat an uns gedacht,
bevor wir an Ihn denken konnten.
Er gab uns die Möglichkeit,
uns auf der Welt zu entfalten.
Am Anfang der Welt
steht ein Gott,
nicht ein Zufall!
Ein Gott,
ein persönlicher Gott,
nicht ein Gesetz,
ein DU!
Jesus spricht vom Vater.
Es klang damals wie eine Gotteslästerung,
Gott so zärtlich, so menschlich anzusprechen.

Mit Gott, dem Vater,
eine Beziehung aufbauen
im Laufe des Lebens.
Beten in guten und schweren Zeiten.
Wie ein Gebet zur Heimat werden kann!
Anstatt zu fluchen
und alles zu verwünschen,
»Vater unser« beten!
Anstatt zu grübeln und sich zu zermürben,
innehalten, bedächtig und konzentriert
»Vater unser« beten!

Im Himmel

Vater unser im Himmel.
Vater unser im Licht.
Vater unser am Ziel.
Wir sind unterwegs.
Vater im Himmel,
uns allen voraus.
Vater in uns, mit uns.
Vater im Himmel.

Wo Du bist, ist Himmel, Glück und Friede.
Wo Du bist, ist Fülle des Lebens.
Wo Du bist, ist das Zuhause.
Wo Du bist, ist Sinn.
Wo Du bist, verstummen die Fragen.

Vater unser im Himmel.

Geheiligt werde Dein Name

Wir leiden an Ehrsucht.
Wir übersehen die Quelle.
Geheiligt werde Dein Name!

Unser kleines, schmerzscheues Ich muß sterben,
sterben wie ein Weizenkorn,
und im Sterben wirst Du in uns leben.
Geheiligt werde Dein Name!

Wir brauchen Dich
als unseren Ratgeber in uns.
Wir gehen ohne Dich
mit unseren Gedanken im Kreis.
Wir brauchen die Demut,
uns von Dir in die Lebensweisheit
einweisen zu lassen.
Vor Dir können wir uns gründlich erkennen.
Geheiligt werde Dein Name!

Wir überschätzen uns oft
und leiden an den Folgen unseres Stolzes.
Wir wehren uns gegen die Einsicht,
daß wir ohne Dich
wie Bäume ohne Wurzeln sind.
Geheiligt werde Dein Name!

Nimm uns den Hochmut!
Dann sind wir fähig,
Gabe um Gabe von Dir anzunehmen.
Dein Name wird geheiligt,
wo wir Dich als Gott wirken lassen.
Wir beten nicht zu einem Stein,
sondern zu einem Wesen,
das Liebe ist.
Warum halten wir unser Vertrauen zurück?
Da ist ein Gott,
der uns hört, versteht und uns helfen kann
wie keiner im Weltall.
Warum beten wir nicht mit Hingabe:
»Vater unser«?

Dein Reich komme

Dein Reich komme!
Große Worte der Mächtigen –
Und was kam?
Neue Lasten, neue Einengungen,
neues Recht der Stärkeren.

Dein Reich komme!
Sein Reich wird uns nicht aufgezwungen,
nicht übergestülpt.
Es wird von Menschen aufgebaut.
Mit jedem guten Wort,
das wir einander sagen,
breitet sich Sein Reich aus.

Mit jedem Gebet,
das wir sprechen,
weitet sich Sein Reich.
Mit jedem selbstlosen Einsatz
wächst Sein Reich.
Sein Reich, wo der Mensch ein Du ist,
nicht bloß eine Nummer und ein Objekt!

Dein Reich komme!
Untätig warten,
bis Gott das Wunder wirkt;
verkrampft sich anstrengen,
nicht auf die Gnade vertrauen:
Beide Fehlhaltungen
verzögern die Ankunft des Reiches.
Wir brauchen weder Umsturz noch Sattheit!
Wo ER in uns sein kann,
wird ER uns regieren.

Dein Reich komme
mit Dir
durch uns!

Dein Wille geschehe

Was ist schon geschehen?
War alles Dein Wille?
Wer bist Du?

Johannes antwortet:
Gott ist Liebe!
Wozu dann die Angst vor der Bitte:
»Dein Wille geschehe«?
Wir zucken zusammen.
Wir denken an Schmerzen,
an Leiden, an Krankheit und Tod.
Deine Liebe geschehe!

Was wir unter Liebe verstehen,
ist nicht immer Deine Art zu lieben.

Dein Wille geschehe!
Gib uns den Mut zu vertrauen,
daß auch die schwerste Stunde des Lebens
ein Beweis Deiner Liebe ist.
Gib uns die übermenschliche Gelassenheit,
zu warten, zu werden, zu reifen,
bis wir sagen können:
Du hast es gefügt.

Unser tägliches Brot gib uns heute

Wir geben zu:
wir brauchen Kraft.
Wir sind rasch am Ende mit unserer Geduld.
Wir haben gute Vorsätze gefaßt.
Es blieb alles beim alten ...

Gib uns unser tägliches Brot!
Brot haben wir,
aber es fehlt uns die Liebe.
Gib uns täglich die Hoffnung,
den Schwung für den Alltag.
Gib uns den Blick,
durch den das Allerlei
zum Erlebnis wird.
Gib uns das Gespräch,
das uns weiterhilft.
Gib, daß Menschen zu uns kommen,
die uns Kraft geben.
Und schicke uns zu Menschen,
die unsere Kraft brauchen.

Wir haben sonntägliche Nahrung:
Eucharistie, Gesänge, Kommunion.

Doch zwischen Montag und Samstag
die lange Zeit,
die vielen Zusammenstöße,
wo wir uns abnützen!
Einem Menschen begegnen,
der von einer anderen Welt kommt:
Christus!

Gib uns unser tägliches Brot!
Gib uns täglich Geist,
gib uns täglich Leben,
gib uns Jesus, gib uns Dich!

Vergib uns unsere Schuld

Verzeih uns,
denn wir wissen nicht,
was wir tun,
wenn wir die Umwelt zerstören.

Vergib uns unsere Feigheit,
nicht zu dem zu stehen,
was wir versprochen haben.

Verzeih uns unsere Unaufmerksamkeit
im Gespräch mit Menschen.
Wir hören und hören doch nicht,
was ein Mensch uns sagen möchte.
Wir überhören den Schrei aus dem Abgrund.

Verzeih uns,
daß wir ständig Ausreden gebrauchen,
wenn es ums Teilen geht.

Verzeih uns,
daß wir die Worte der Heiligen Schrift
als erbauliche Lebensweisheit deuten,
ohne auf den Kern
der Forderungen einzugehen.

Verzeih uns,
daß wir aus Jesus
einen harmlosen Religionsstifter
gemacht haben.

Verzeih uns,
daß wir zwar gläubig sein möchten,
unseren bequemen Lebensstil
aber nicht zu ändern bereit sind.

Verzeih uns,
daß wir für uns selbst
keine Verantwortung übernehmen wollen,
sondern unkontrollierten Kräften
wie Schicksal, Politik, Erbe, Erziehung
die Schuld an unserem Versagen zuschieben.

Verzeih uns,
daß wir aus Angst,
wir könnten schuldig werden,
weder selbständig denken,
noch eigene Ideen ausführen.

Verzeih uns,
daß wir uns Deine Kraft
nur sehr spärlich zunutze machen!

Verzeih uns
unsere lähmenden Behauptungen:
»Da kann man nichts machen!«

Vergib uns unsere Schuld!
Öffne unsere Augen,
damit wir sehen,
wieviel wir im Kleinen tun könnten!

Wie auch wir vergeben unsern Schuldigern

Wir können einander sehr weh tun.
Je tiefer wir einander vertraut haben,
desto stärker ist der Schmerz der Enttäuschung.

Wir geben zu,
daß wir uns zuwenig Zeit
für die Selbsterkenntnis genommen haben.
Daher haben wir auch
eine unzureichende Menschenkenntnis.
Wir sind entsetzt darüber,
wie sich ein Mensch,
den wir schätzen, entwickelt;
anders, als wir es uns eingebildet hatten.
Wir sind traurig.

Wir können nicht so ohneweiters verzeihen.
Schließlich sind wir keine Engel,
sondern Menschen.
Es braucht lange,
bis wir einsehen:
Auch wir sind schuld,
auch wir sind keine Übermenschen.
Auch wir haben gesündigt
durch zuwenig oder zuviel Verständnis.

Wir möchten vergeben –
doch mit all unseren Überlegungen
stoßen wir nur an eine Mauer,
die uns vom anderen trennt.
Da muß ein Durchbruch erreicht werden.
Da bedarf es der Gnade!
Wir können vergeben,
wenn Du uns die Kraft dazu gibst.

Und führe uns nicht in Versuchung

Führe uns nicht in den Abgrund,
wo nur Finsternis uns umgibt,
wo Deine Verheißungen nicht zu hören sind.
Führe uns nicht zu Menschen,
deren gescheites oder dummes Geschwätz
unsere Lebensziele vernebelt.
Führe uns nicht zu Menschen,
die unseren Glauben belächeln,
ohne selbst glücklich zu sein.
Führe uns nicht zu den Götzen,
die uns viel verheißen
und uns eines Tages leer zurücklassen.

Bewahre uns vor Stunden,
in denen wir zu verwünschen
und zu verfluchen beginnen.
Bewahre uns vor Enttäuschungen,
die wir nicht verkraften.
Du wirst uns prüfen,
weil wir lernen müssen, loszulassen.
Da Du uns vor Herausforderungen
nicht verschonst,
führe uns in der Versuchung,
dann wird uns alles,
selbst das Leid,
guttun!

Sondern erlöse uns von dem Bösen

Erlöse uns von dem Bösen!
Erlöse uns vom Zwang,
alles erklären zu wollen.
Erlöse uns von der Übermacht
der Rachegefühle,
wenn uns ein Mensch schädigt.

Erlöse uns von dem Dünkel,
alles selbst tun zu müssen.
Gib uns den Sinn für Partnerschaft!
Erlöse uns von unserer Wichtigtuerei!
Gib, daß wir die Leistung
der anderen anerkennen!
Erlöse uns von der Sucht,
reich, angesehen, bedeutend sein zu wollen.
Hilf, daß wir die Menschen,
die am Rande stehen,
die leiden, gescheitert, krank sind,
die Schwierigkeiten haben,
nicht übersehen.
Erlöse uns von dem Bösen,
das plötzlich über uns kommt!
Erlöse uns von Herrschsucht,
von Gotteslästerung,
von Verbitterung,
von Verzweiflung!
Erlöse uns von dem Bösen!

Denn Dein ist das Reich und die Kraft und die Herrlichkeit

Dein ist das Reich!
Du bist die Fülle des Seins.
Bei Dir kommen unsere Gebete an.
In Dir ist aller Lobpreis
der Schöpfung gesammelt.
In Dir strömen alle Sehnsüchte
der Menschen zusammen.
Von Dir ging das Wort aus: Es werde Licht!
Von Dir kommen die schöpferischen Kräfte,
die uns werden, wachsen und reifen lassen.
Du umgibst alle Welten,
nicht nur unsere Erde.

Dein Reich umfaßt alle Bereiche des Seins.
Dir verdanken wir alles.
Dich loben wir,
denn Du bist uns unendlich überragender Geist.
Dich preisen wir,
denn Du wirst nie müde, nie stumpf.
Dir glauben wir,
denn Du kamst einfach und arm
als Jesus von Nazaret.
Wir loben Dich,
denn Dein Reich wird uns bleiben.
Wir preisen Dich,
denn die Gemeinschaft mit Dir
wird uns ewig erfreuen.
Wir danken Dir,
denn Deine Liebe ist Dein Reich,
Deine Kraft und Deine Herrlichkeit!

Die heilige Messe

Wir beginnen
im Zeichen des Kreuzes,
mit dem Namen des dreifaltigen Gottes,
die Feier der Danksagung.
Wir erkennen uns selbst
und bitten um Verzeihung.
Wir beten und hören und horchen,
was Gott mit Menschen getan hat,
die sich vor uns Ihm anvertraut haben,
wie Jakob und Abraham,
wie Isaak, Mose und die Propheten,
wie Jesus und die Apostel.

Wir antworten
mit dem Bekenntnis des Glaubens,
übergeben uns Gott mit Brot und Wein
in der Gabenbereitung.
Durch diese Übergabe werden wir fähig,
frei zu sein.
In dieser Freiheit beginnen wir
Gott zu loben in der Präfation
und Ihm zu danken.
Wir schauen auf Jesus Christus,
der uns im Abendmahl versammelt
und uns sagt:
»Nehmt und eßt! Das ist mein Leib.
Nehmt und trinkt! Das ist mein Blut.«
Wir beten das Vaterunser,
und wir empfangen das Brot des Lebens,
den Leib des Herrn.

Jesus in uns!
Das Licht,
der Friede,
die Freude in uns!

Nun werden wir dieses Licht ausstrahlen.
Nun sind wir an der Reihe, Brot zu sein,
hingegeben zu werden wie Jesus!

Kyrie

Sich erheben dürfen.
Nicht am Boden kleben bleiben
in der falschen Vorstellung,
daß es nichts gibt
außer feigen, stumpfsinnigen Menschen.
Sich an Gott wenden,
wenn alle Versuche, sich zu bessern,
gescheitert sind.
Kyrie eleison!

Herr, erbarme dich unser!
»Herr« sagen dürfen,
nicht nur »Vater« – Herr!
Wir brauchen nicht nur
Brüder und Schwestern,
Väter und Mütter –
wir brauchen auch den Herrn,
dem wir es zutrauen,
in uns aus dem Chaos
die Ordnung zu schaffen.

Kyrie eleison!
Wo sind unsere Freunde?
Warum seid ihr stumm?
Warum seid ihr verlegen?
Warum geht von euch Kälte aus?
Ihr seid müde, schwach, kleinlich –
Menschen, begrenzte Menschen.
Kyrie eleison!

Kyrie eleison?
Die Übermenschen sind

entweder nie geboren worden
oder ausgestorben.
Wir haben täglich mit Menschen zu tun,
die zu allem fähig sind:
vom Mord mit dem Wort, mit dem Blick
bis zur selbstlosen Hingabe.

Kyrie eleison!
Beten dürfen,
nicht Erklärungen für alles und nichts
sich anhören müssen!
Beten dürfen!

Kyrie eleison!
Nicht nur organisieren,
studieren, analysieren!
Beten dürfen!
Kyrie eleison!

Schockierend einfach beten können
in einer Welt, in der alles machbar geworden ist.
In einer Welt, in der die Wissenschaft triumphiert,
beten können.
    Herr, erbarme dich unser!
    Christus, erbarme dich!
    Herr, erbarme dich!

Gloria

Nicht nur auf die Erde blicken –
Gloria in excelsis Deo!
In die Höhe schauen!
Nicht wie besessen
das Irdische festhalten!
Da ist bald alles zu klein, zuwenig,
da ist Streit, Ärger –
da wird die Erde ein Grab, ein Kerker,
ein Kriegsschauplatz.

Gloria in excelsis!
Hinaufschauen können,
ohne den Kontakt mit der irdischen Wirklichkeit
zu verlieren.
An die Fügungen des Lebens denken,
an die Erzählungen gläubiger Menschen sich erinnern.
Gloria in excelsis!
Nicht nur an der Schöpfung,
am Leben herumnörgeln!
Danken, daß wir uns entfalten dürfen,
daß es Gott und uns alle gibt!
Gloria in excelsis!

Vor dem Evangelium

Ein Wort wartet auf dich –
Hör hin!
Du hast die Texte der Heiligen Schrift
schon tausendmal gehört.
Du wirst täglich mit Sensationen verwöhnt.
Wirf dein Netz heute aus!
Du hast nichts gefangen,
dir ist langweilig geworden.
Du läßt die Worte
durch dich hindurchgehen.
Du kennst schon alles auswendig.
Und doch wartet ein Wort, ein Satz, eine Silbe
oder die Stille zwischen den Sätzen
auf dich.
Hör nochmals hin!
Gott selbst
hat dir ein Wort zu sagen – – –
Hör jetzt! Hör hier!
Wenn du vertrauensvoll und gesammelt hörst,
wird das Wort, das zu dir unterwegs ist,
bei dir ankommen können.

Gabenbereitung

Wieviel hast du verschenkt?
Wieviel hast du behalten?
Jetzt geht es um deine Gabe –
Versperr dich nicht! Öffne dich!
Lauf nicht mit deinen Gedanken davon!
Bleib da – und sag mir:
Was denkst du über die Menschen,
die jetzt mit dir die Messe feiern?

Du urteilst mit deinen Blicken.
Du hast sie alle schon längst eingeteilt:
Heuchler, Schwächlinge, Patienten . . .
Gabenbereitung, Offertorium, Opferung!
Opfere deine Bewertungstabelle!
Liebe die Menschen, die da sind,
links und rechts von dir!
Fang an mit deiner Abrüstung –
Leg ab deinen Panzer!
Bete, übergib dich Gott!
Hab keine Angst vor ihm!
Er hat für dich einen Plan,
den du mit all deiner Weisheit
nicht machen könntest!
Offertorium!
Die Sicherheiten zerbrechen –
Du fällst in Gottes Hände.
Offertorium –
Ergib dich dem,
der dich mehr liebt,
als du dich lieben kannst!

Wandlung

Seitdem Er sagte:
»Da, nehmt und eßt!

Das ist mein Leib.
Da, nehmt und trinkt!
Das ist mein Blut«,
ist Er tausendfach empfangen worden,
haben sich Millionen
mit Ihm vereinigt,
mit dem Zeugen der Wahrheit.
Plötzlich waren sie
mitten im Kampf gegen die Lüge.
Sie spürten den Auftrag:
Nimm nicht nur das heilige Brot,
werde selbst zum Brot!

Mit Ihm hat sich unser Leben gewandelt.
Wo vorher Druck und Anstrengung waren,
trägt jetzt Seine Kraft!
Wo jede Frage eine neue hervorbrachte,
erhebt sich jetzt der Lobgesang,
das Danke, das Halleluja!

Seitdem Er sagte:
»Da, nehmt und eßt!
Das ist mein Leib«,
können wir nicht mehr eigensüchtig
nur für uns leben.
Von nun an heißt Menschsein:
Empfangen und hingeben.

Agnus Dei

Ein Lamm, das geschlachtet wird!
Wir denken an Löwen,
als Symbol der irdischen Macht
an vielen Orten dargestellt.

Seht das Lamm Gottes!
Was ist das für ein Ziel?

Ein Lamm werden,
das geschlachtet wird!
Geopfert werden – und was dann?
Auferstehung, Leben, Fülle – – –

Agnus Dei –
Du nimmst hinweg die Sünde der Welt!
Nicht der Mächtige,
der Geopferte nimmt hinweg
die Sünde der Welt!

Agnus Dei –
Seit Jahrhunderten wird zugeschlagen,
getötet im Namen der irdischen Mächte.
Die Sieger lassen sich feiern.

Seht das Lamm Gottes!
Es zeigt uns einen anderen Weg:
Da sein, gewaltlos und gut.
Seht den Gekreuzigten,
den Auferstandenen,
Jesus Christus,
den Weg Gottes
zur Erlösung der Menschen!

Entlassung

Geh nicht fort
ohne den Frieden Christi!

Geh nicht fort,
ohne Gott innig zu danken,
daß du Ihn als Vater hast!

Geh nicht fort,
ohne dich vom Geist der Stärke
und der Liebe erfüllen zu lassen!

Geh nicht fort,
ohne daß du dich
Gott anvertraust!

Geh nicht fort,
ohne Gott eine Möglichkeit zu geben,
mit dir zu reden!

Geh nicht fort,
ohne den Entschluß,
Brot sein zu wollen
für die Menschen,
die dich brauchen!

Geh nicht fort,
ohne für deine Feinde
gebetet zu haben!

Geh nicht fort,
ohne dich von Gott
umarmen zu lassen!

Das Glaubensbekenntnis

Ich glaube

Ich glaube.
Ich vertraue.
Ich öffne mich.
Ich antworte auf die Frage,
die Gott mir stellt:
»Wo bist du?«
Ich sage: »Ich bin da!«
Ich lasse mich von Gott treffen.
Ich glaube.
Ich sage zu einem,
den ich nicht sehe und doch spüre
als den Grund aller Dinge,
ich sage: »Du!«

Ich glaube.
Glauben reicht weiter als Wissen.
Glauben gibt mir die Kraft,
das noch nicht Geformte zu gestalten.
Ich glaube.
Ich erhalte die Energie aus der Gewißheit:
Es gibt Sinn, Liebe, Gott.
Ich glaube.
Ich spüre,
daß wir mit unseren Wissenschaften
erst einen kleinen Teil der Wirklichkeit
erfaßt haben.
Ich habe mit dem Glauben
meine Erfahrungen gemacht.

Ich glaube an Gott

Ich glaube nicht
an eine abgestorbene Formel.
Ich glaube an etwas Lebendiges.
Ich glaube an Gott.
Ich glaube an einen Gott,
der mitgeht.

Ich glaube
an einen unendlichen, ewigen Geist,
nicht sichtbar
und doch wirksam
wie keine sichtbare Macht der Welt.

Ich glaube
an kein Hirngespinst,
an keine Fata Morgana,
sondern an ein ewiges,
lebendiges DU.

Ich glaube an Gott,
nicht an Gespenster.
Ich glaube an Gott,
nicht an einen sturen,
unbeweglichen, einfallslosen Götzen.

Ich glaube an Gott,
dessen Wirken bezeugt ist.
Ich glaube, daß Gott jeden
von den vier Milliarden Menschen
liebt.

Ich glaube an den unendlichen, zärtlichen Gott,
der als Allmächtiger auf uns wartet,
bis wir uns ihm öffnen.
Ich glaube an Gott
und glaube,
daß ich mit Ihm Mensch werden kann.

**Ich glaube an Gott,
den Vater, den Allmächtigen**

Viele haben Wunder erlebt.
Sie haben gebetet,
daß ihre kranke Mutter gesund werde,
und sie ist gesund geworden.
Andere haben gebetet,
daß ihr schwerkranker Bruder geheilt werde,
und er ist gestorben.

Erhörte oder nicht erhörte Gebete –
Das Geheimnis bleibt.
Wir können nicht bestimmen,
wann Du, o Gott, eingreifst
und wann wir vor der Macht der Naturgesetze
kapitulieren müssen.

Ich glaube an Gott, den Vater, den Allmächtigen!
Es ist wichtig zu wissen:
Es hat Wunder gegeben.
Es gibt Wunder heute,
und es wird sie wieder geben.

Ich glaube an Gott, den Vater, den Allmächtigen!
Ich glaube, daß Du in uns allmächtig bist,
wenn wir uns mit Dir verbinden.
Und ich glaube auch an Deine Ohnmacht,
den Menschen zu verändern,
wenn der Mensch es nicht will.

Ich glaube an den Schöpfer des Himmels und der Erde

Ich glaube
an einen schöpferischen Gott.

Ich glaube
an das Werden,
an die Entwicklung.

Ich glaube
an die Freiheit,
an den freien Schöpfer.

Ich glaube,
daß wir erst am Anfang
der Schöpfung stehen.

Ich glaube,
daß der Drang nach Vollendung
in der Schöpfung liegt.

Ich glaube,
daß die Entwicklung der Schöpfung
der Wille Gottes ist.

Ich glaube,
daß wir Menschen Anteil
am Bewußtsein Gottes erhalten
durch Glaube,
Hoffnung
und Liebe.

Ich glaube an Gott,
der Freiheit und Notwendigkeit
in der Entwicklung der Dinge und Menschen
zusammenwirken läßt.

Ich glaube an Jesus Christus, seinen eingeborenen Sohn

Ich glaube an Jesus,
Gottes Sohn,
weil er Mensch war:
in jedem Augenblick ein Mensch,
und dennoch mit Gott eins.

Was uns so unendlich beglücken kann:
Mit Jesus dürfen wir in den Urgrund
aller Menschen blicken.
»Wer mich sieht, sieht den Vater!«

Jesus betet mit uns
das Vaterunser.

Ich glaube an den verlassenen Jesus am Kreuz,
der trotzdem die Geborgenheit in Gott erfährt.
Ich glaube an den zitternden Jesus am Ölberg,
der sich vom Vater getragen weiß.
Ich glaube an den Menschen Jesus,
in dem Gott sich wie in keinem Menschen
zeigen konnte.

Ich glaube an Jesus Christus,
weil er für mich durch sein Beispiel
glaubwürdig ist.

Ich glaube,
daß durch den Menschensohn Jesus Christus
die Menschen ein neues Maß
für das Menschsein erhielten.

Ich glaube,
daß Jesus Christus ein Zeuge der Liebe
und der Wahrheit bleibt.

Geboren von der Jungfrau Maria

Ich weiß,
wem ich glaube.

Geboren von der Jungfrau Maria.
Sie ist ganz auf Gott eingestellt.
Sie wird von niemand besessen.
Geboren von einer Jungfrau Maria,
die in der Stille lebte,
um die Botschaft des leisen Engels
hören zu können.

Geboren von einer Frau,
die staunen konnte.

Geboren von einem Menschen,
der sich ganz Gott anvertraute.

Er ist zu uns gekommen
als der Arme von Nazaret,
als der Handwerker,
als der Lehrer und Prophet,
als der Verlassene am Kreuz,
als der Auferstandene.

Wir danken Dir,
daß wir in diesem Jesus
unser Leben bergen dürfen.

Wir danken Dir,
daß wir in diesem Jesus
unser eigenes Selbstverständnis
finden können.

Wir danken Dir,
daß mit diesem Jesus
die Geschichte des Menschen
zur Geschichte Gottes geworden ist.

Gelitten unter Pontius Pilatus

Viele liegen unter dem Kreuz.
Niedergedrückt
von der Last der Aufgaben.
Gebeugt
von den Begegnungen mit den Unglücklichen,
denen sie nicht helfen konnten.

Niedergedrückt
von den vielen Fragen,
die sie nicht beantworten können.
Seht diesen Menschen!
Seht, wie er leidet!
Der Mensch kann stürzen,
kann fallen und sinken.
Er ist mit seiner Gestalt
zum Kreuz geworden.
Rumpf und Arme bilden ein Kreuz.

Wie viele sind an einen Endpunkt gekommen!
Sie sind aller Wege und Umwege müde geworden.
Sie haben keine Kraft mehr.
Sie sind sich nicht sicher,
ob ihre Gebete gehört werden.

Sie sind unter der Last
ihres Bewußtseins zusammengebrochen.
Sie sind in das Reich des Todes hinabgestiegen.

Sie glauben,
sie hoffen,
auch wenn sie am Boden liegen.
Gott selbst hat geblutet,
ist unter dem Kreuz gelegen,
mußte sich von einem Simon helfen lassen.

Wir sehen die vielen,
die verzweifelt sind,

Menschen, die niemanden haben.
Wir sind fassungslos
über das Ausmaß der Leiden.

Wer am Boden liegt,
hat Sehnsucht,
emporgehoben zu werden,
weitergehen zu dürfen
und stark sein zu können.
Ich glaube an Jesus Christus!

Er kann sich in uns Menschen hineinfühlen.
Er sagt uns:
»Ich bin bei dir,
mitten im Reich des Todes.«

Gekreuzigt, gestorben und begraben

Jesus Christus,
gekreuzigt, gestorben, begraben.

Jesus ist nicht bei den Zuschauern,
er ist nicht bei den Richtern,
er ist unter den Gekreuzigten
der Geschichte zu finden.

Er philosophiert nicht
von einem sicheren Ort aus
über Zusammenhänge in der Weltgeschichte.
Er kam als Zeuge der Wahrheit
und wurde als Zeuge der Wahrheit
verurteilt und umgebracht.

Im Blick auf das Kreuz
können wir uns die Frage nicht ersparen:
Warum mußte alles so sein?
Warum mußte ein Gerechter sterben?
Warum mußte der Zeuge der Wahrheit
beseitigt werden?

Warum gab es keine Aussöhnung
zwischen dem Hohen Rat und Jesus?
Warum mußte Jesus gekreuzigt werden?

Der Blick auf das Kreuz zeigt uns,
daß auf dieser Welt Schreckliches geschieht.

Hilf uns,
die Wirklichkeit der Welt
als den Kampfplatz zwischen Wahrheit und Lüge,
zwischen Güte und Bosheit
ernst zu nehmen.

Am dritten Tage auferstanden von den Toten

Am dritten Tage auferstanden von den Toten.

Tot sein – jenseits des Lebens sein:
Abgestorben sein.
Verlassen sein.
Verraten sein.
Unfähig sein, sich auszudrücken.
In sich eingesperrt sein.
Tot sein.

Keine Wärme ausstrahlen.
Sich nicht konzentrieren können.
Tot sein.

Sich nicht entfalten können.
Verkümmern, und dabei wissen
um die mögliche Begabung.
Sich nicht helfen können.
Tot sein.

Phrasen dreschen.
Nicht selbständig denken.
Tot sein.

Am dritten Tage auferstanden von den Toten:
Er öffnete sich,
und alles begann ihn zu freuen:
sein Leben, seine Umgebung,
seine Aufgaben, seine Entwicklung,
seine Zukunft.
Von den Toten auferstanden:
Er konnte lächeln über die kleinsten Dinge,
konnte Böses mit Gutem vergelten.

Auferstanden von den Toten:
Er überwand
seine Stumpfheit,
seine Starrheit,
seine Kälte –
und wurde Mensch.

Am dritten Tage auferstanden von den Toten:
Das Endgültige ist also vorläufig.
Was ich jetzt sehe, gilt also noch nicht.
Denn der Tote ist auferstanden.

Es bleibt das Leben
der Regent des Universums,
nicht der Tod.

Aufgefahren in den Himmel

Ich glaube an Jesus Christus,
aufgefahren in den Himmel.

Himmelfahrt Jesu, das heißt:
Er ist nicht vor uns geflohen.
Er ist auf geheimnisvolle Weise,
auf neuen Wegen zu uns gekommen,
nicht mehr sichtbar
in der menschlichen Gestalt.

Er ist zu uns gekommen
in der Gestalt der vielen,
die uns gebraucht haben,
auf die wir gewartet haben.

Aufgefahren in den Himmel,
eingegangen in unser Herz.
Aufgefahren in den Himmel,
uns näher gekommen als je zuvor,
in vielen Begegnungen der Menschen.

Ich glaube,
daß Jesus Christus jetzt bei uns ist.
Wo wir Ihn erkennen,
ist Emmaus,
ist Himmel,
ist Ewigkeit.

Er sitzt zur Rechten Gottes, zu richten die Lebenden und die Toten

Jesus sitzt zur Rechten Gottes.
Die Zeit der Verhüllung ist vorbei.

Er sitzt zur Rechten Gottes:
Er hat nun Einblick in den wunderbaren Plan
seines allmächtigen Vaters.

Am Ölberg mußte er noch ringen:
Dein Wille – mein Wille!
Dein Plan vollziehe sich!
Nun ist Gottes Plan auch der seine.

Jesus wird Menschen richten,
solche, die denken,
und solche, die nicht denken.
Die Geistvollen und die Geistlosen,
die Verschlossenen und die Offenen.

Er wird richten
die Nichtchristen und die Christen.

Ich glaube an den Heiligen Geist

Ich glaube an den Heiligen Geist.
Der Geist schafft das Leben.
Der Geist ist die Kraft,
die alles in Schwingung hält.
Nicht Wille, nicht Verstand, nicht Gefühl.

Am Anfang des Menschengeschlechtes
steht die Inspiration.
Gott hauchte den Lehm an,
und der Mensch ist Mensch geworden.
Inspiration ist Befreiung
der Materie durch den Geist.

Ich glaube,
daß die Religionen und Konfessionen
einander näherkommen werden.
Ich glaube
an den Abbau der Konflikte.
Ich glaube,
daß sich unsere Welt
weiterentwickeln wird.
Ich glaube,
daß der Geist Gottes in uns betet,
wo wir demütig werden.
Ich glaube,
daß wir im Lieben
die Worte des Geistes sprechen.
Denn der Geist ist die Liebe,
und Liebe ist Geist.

Ich glaube an die Liebe.
Ich glaube an den Heiligen Geist!

Ich glaube an die heilige katholische Kirche

Ich glaube an eine allumfassende Kirche.
Ich glaube, daß es in Zukunft keine Spaltungen,
keine verschiedenen Glaubensgemeinschaften
mehr geben wird.
Es wird verschiedene Ausdrucksweisen geben,
aber nur *ein* religiöses Bewußtsein.
Ich glaube an eine große Gemeinschaft derer,
die aus dem Geiste kommen
und die aus den Erfahrungen des Lebens
zu ihrem Glauben gefunden haben.
Das Leben spricht nur *eine* Sprache,
die Wahrheit kann nur *eine* sein.
Ich glaube an die allumfassende und heilige
katholische Kirche.

Ich glaube, daß die derzeitige Struktur
der Kirche sich ändern wird.
Ich glaube, daß die Kirche
von ihrer Macht loskommen wird.
Und ich glaube, daß sich der Geist Gottes
in der Kirche durchsetzen wird.
Ich glaube, daß wir die großen Völkertrennungen,
daß wir die großen Rassenkonflikte
überwinden werden.
Ich glaube, daß die Kirche das Element sein wird,
das die Menschen zueinander führt.
Ich glaube an eine Brücke
zwischen dieser Welt und jener Welt.
Ich glaube, daß die Menschen,
die die Todesgrenze überschritten haben,
mit den Menschen, die noch im Irdischen leben,
eine enge Verbindung haben.
Ich glaube an die Gemeinschaft der Heiligen.
Ich glaube an die Gemeinschaft der Vollendeten,

aber auch an die Gemeinschaft
der Nichtvollendeten.
Ich glaube an die Gemeinschaft der Suchenden.
Ich glaube nicht,
daß der Sinn der Erde, der Sinn des Menschen,
der sich durch Jahrmillionen entwickelt hat
zu seiner heutigen Form,
der Tod sein kann.
Ich glaube
an die Auferstehung der Toten.

Ich glaube an die Gemeinschaft der Heiligen

Ich glaube, daß es Menschen gibt,
die vollendet sind.
Sie haben einen langen Weg
ihrer Reifung zurückgelegt.
Sie warten, von uns angesprochen zu werden,
die Vollendeten.
Ich glaube an eine Gemeinschaft der Helfer
im Himmel und auf Erden.

Ich glaube, daß der Vertrauende
in einer Atmosphäre lebt,
in der ihm die Heiligen nahe sind.
Ich glaube an die Ausstrahlung der Heiligen.
Ich glaube an eine Gemeinschaft der Heiligen.
Ich glaube, daß wir heilig werden können.

Wir glauben, daß die Heiligen
an ihr Ziel gekommen sind.
Sie sind gütig geblieben
in einer Welt des Hasses,
sie sind wahrhaftig geblieben
in einer Welt der Lüge,
sie haben vor allem vertraut,
auch dort, wo von Deiner schützenden Hand
äußerlich nichts zu sehen war.

Sie haben geglaubt,
wo andere gezweifelt haben.
Wir danken Dir für diese Menschen,
die Deine Kraft wirken ließen.

Ich glaube an die Vergebung der Sünden

Ich glaube, daß wir schuldig werden,
weil wir frei sind.
Ich glaube an die Freiheit des Menschen.
Ich glaube, daß wir die Möglichkeit haben,
einander Gutes zu tun und einander zu schaden.
Ich glaube, daß wir uns selbst erkennen
oder in Selbstbetrug leben können.

Ich glaube auch an die Vergebung der Schuld.
Ich glaube daran, daß die bereute Schuld
eine wichtige Lehre für uns ist.
Ich glaube an das Jesuswort:
»Der, dem mehr vergeben wird,
der liebt auch mehr.«

Ich glaube an die Auferstehung der Toten

Ich glaube an die alltägliche Auferstehung.
Ich glaube, daß der Verzweifelte
durch ein vertrauensvolles Begleiten
verwandelt werden kann.
Ich glaube, daß der Engstirnige
zu geistiger Weite gelangen kann.
Ich glaube, daß der Geizige
seine Fehlhaltung einsehen kann
und angstlos zu geben beginnt.
Ich glaube daran, daß sich eines Tages
die guten Kräfte durchsetzen werden.
Ich glaube, daß der Mensch

durch die Stärke seiner geistigen Kräfte
den Körper gesund erhalten kann.
Ich glaube, daß der Unglückliche
durch die Begegnung mit einem Simon,
der ihm eine gläubige Lebenseinstellung zeigt,
ein froher Mensch werden kann.
Ich glaube, daß sich die Religionen
und Konfessionen vereinigen werden.
Ich glaube, daß diese Welt trotz vieler Krisen
sich zum Guten hinbewegt.
Ich glaube an eine sinnvolle Entfaltung
der menschlichen Anlagen.
Ich glaube, daß Gott und nicht ein Zufall
die Welt erschaffen hat.
Ich glaube, daß Gott uns unendlich viel Freiheit
zur Gestaltung unseres Lebens läßt.
Ich glaube, daß wir unser Schicksal
in unsere Hand nehmen müssen.
Ich glaube an die Auferstehung der Toten.
Ich glaube, daß es für uns kein Ende,
sondern nur wieder ein neues Beginnen
mit einer neuen Sicht und Hingabe gibt.
Ich glaube an den Wert der Selbsthingabe,
an die verwandelnde Kraft der Liebe,
die niemals bitter wird durch dunkle Erfahrung.
Ich glaube.
Ich vertraue,
daß Gott uns alle glücklich machen kann.
Ich glaube an die Auferstehung!
Ich öffne meine Hände,
um Seine Geschenke zu empfangen.

Ich glaube an das ewige Leben

Wir sind hier auf der Erde
für eine kurze Bewährungsprobe.
Ich glaube an ein ewiges Leben.
Ich glaube,
daß jeder eine Chance erhält,
ewig glücklich zu sein.
Ich glaube,
daß Gott unendlich viele Möglichkeiten hat,
uns auch nach dem Tod reifen zu lassen.
Ich glaube,
daß Gott uns absolut liebt
und nichts unterlassen wird,
um uns zu vollenden.
Er wird alles tun,
daß wir unser Ziel,
unsere Seligkeit erreichen.

Gott, das heißt Liebe.
Liebe wird alles tun,
um uns zu helfen,
unser endgültiges Glück zu erreichen.
Ich glaube
an ein ewiges Leben,
an eine ewige Freude,
an eine ewige Freundschaft
mit Gott und den Menschen.

Ave Maria

Gegrüßet seist du, Maria

Gegrüßet seist du, Maria!
Ich, der Engel des Herrn,
bring dir den Gruß des Allerhöchsten.
Er braucht dein Vertrauen.
Gott wartet auf dein Ja!

Mensch, freue dich!
Gott denkt an dich.
Du bist nicht irgendein Geschöpf
unter Milliarden Menschen.
Er ruft dich mit Namen!
Gott braucht dich!

Voll der Gnade

Du bist voll der Gnade!
Du lebst aus der Fülle.
Dir wird Gott zeigen,
wie reich Er ist.
Was Sein ist, ist Dein!

Mensch, du bist erfüllt
von guten Gaben,
du bist voller Möglichkeiten,
denn der Herr ist mit dir!

Der Herr ist mit dir

Begleitet sein, umgeben sein
vom göttlichen Schutz.
Wissen, der Allmächtige
steht dir bei!

Er ist in dir, mit dir,
bei dir, über dir.
Sich nicht fürchten,
jemals allein zu sein!
Dein Weg ist gesichert.
Gott hat seine Engel aufgeboten.
Der Herr ist mit dir!

Du bist gebenedeit unter den Frauen

Du hast erfahren,
wer Gott ist,
damals in Nazaret,
damals in Betlehem,
damals auf der Flucht nach Ägypten,
damals auf Golgota,
damals am Pfingstfest,
damals, als du in den Himmel
aufgenommen wurdest.

Wir brauchen deine Erfahrung, Maria!
Du teilst sie uns mit
mit jedem Ave Maria.
Mit dir sind auch wir gegrüßt,
ausgezeichnet von Gott!

Gebenedeit ist die Frucht deines Leibes

Was da geworden ist,
ist Frucht der Anbetung
und Frucht der Hingabe,
Frucht des Vertrauens.
Das Jawort hat Früchte getragen.
Wer glaubt, wird selig.
Wer teilt, wird empfangen.
Wer hört, wird die Weisung erhalten.

Wer empfängt, wird geben können.
Maria bringt Jesus zur Welt.
Das Licht hat menschliche Gestalt angenommen.

Heilige Maria, Mutter Gottes

Du hast deinen Glauben
durch alles Schwere und Dunkle,
durch das Nicht-zu-Verstehende
hindurchgetragen.
Deine schmerzerfüllten Fragen
konnten deine Sicht nicht trüben,
das liebende Vertrauen nicht erschüttern.

Bitte für uns Sünder

Deine Fürsprache
besänftigt unsere Ungeduld.
Wir prüfen uns
und wissen doch nicht,
wer wir sind.
Wir können nicht warten
und zweifeln uns zu Tode.
Hilf uns, Einkehr zu halten
bei uns selbst.
Bitte für uns ruhelose Sünder,
damit auch wir Heimstatt geben
dem ewigen Wort in uns.

Jetzt
und in der Stunde unseres Todes

Hilf uns jetzt,
wo eigene und fremde Not
uns verwirren;
jetzt, wo Profitgier,

Krieg und Habsucht
uns bedrängen;
jetzt, wo Angst und Oberflächlichkeit
uns die klare Sicht verdunkeln.
Jetzt steh uns bei,
daß wir die Richtung nicht verlieren.
Jetzt und in der Stunde unseres Todes!

In der Stunde unseres Todes hilf uns,
daß wir dankbar sterben,
daß wir mit der gesammelten Kraft der Seele
und nicht irgendwie hinübergehen.
Hilf uns, heilige Gottesmutter,
in der Liebe zu sterben
und die Ernte der gelebten Jahre
demütig und freudig vor den Herrn,
in unsere Ewigkeit, einzubringen.
Hilf uns jetzt
und in der Stunde unseres Todes!

Der Rosenkranz

Ein Weg zum Frieden

Ruhig werden

Worte, Gebete wiederholen – Unter dem immer wiederkehrenden »Gegrüßet seist du, Maria« und dem Heilsgeheimnis, das darin eingebettet ist, wird unser unruhiges Wesen still. Die hin und her zuckenden Gedanken bewegen sich in Richtung Hoffnung. Das Gemüt, das so vielen Schwankungen unterworfen ist, wird stabil. Eine innere Freude, die Freude, daß es Gott gibt, daß es Liebe gibt, beginnt uns zu tragen. Wie Wolken lösen sich Gedanken auf. Gedanken des Hasses, der Rache weichen. Das Verstehen breitet sich aus. Das Gebet wird zur Kraftquelle.

Verzichten können

Verzichten können auf das Verstehen einzelner Worte. Beten, ohne die Worte verstehen zu wollen, ohne ihren letzten Sinn erkennen zu wollen. Beten, wie Menschen vor uns gebetet haben, wenn sie auf dem Weg zum Friedhof den Rosenkranz beteten, um das Schwerste doch zu ertragen. Beten können, Rosenkranz beten; von der eigenen Wichtigkeit Abschied nehmen, indem wir an Maria denken. Maria, die Magd; Maria als Werkzeug; sich Gott übergeben wie Maria, dann werden manche Dinge nicht so schrecklich wichtig sein, werden wir nicht gehässig um gewisse Dinge streiten. Wir werden nicht so sehr die Welt verändern wollen, sondern uns selbst annehmen, uns selbst wandeln.

Rosenkranzgebet – ein betrachtendes Gebet; eine Möglichkeit für christliche Meditation ohne große Worte; Verzicht, mit dem Verstand alles erfassen zu wollen; durch die Geheimnisse des freudenreichen, des schmerzhaften und des glorreichen Rosenkranzes den Weg der Menschwerdung verstehen.

Auf dem Weg sein

Im Vertrauen, aus dem Glauben, aus der Ruhe zum Menschen gehen; sich Zeit lassen, bis eine Einsicht Gestalt gewinnt. Sich Gott übergeben können und nicht stur das eigene Konzept durchsetzen wollen! Wege gehen, suchen, bis wir den Frieden wiedergefunden haben; sich dem Leiden der Menschen aussetzen, bis wir selbst zutiefst betroffen sind. Gegeißelt werden von den Worten derer, die unseren Weg nicht gehen, die uns belächeln. Mit Dornen gekrönt werden, mit Worten, die tief in unser Herz eindringen, die uns weh tun. Den Kreuzweg gehen; einen Weg gehen, nicht davonlaufen; so lange gehen, bis die Einsicht reif wird, bis wieder Ruhe kommt. Gekreuzigt werden; sterben können. Neu werden, auferweckt werden; vom Tode auferweckt werden durch eine ewige, große Kraft. Auffahren in den Himmel; den Himmel, das Stück Himmel spüren im Augenblick des Gebetes, des Gespräches mit Menschen; in der Einsamkeit der Natur. Den Heiligen Geist empfangen; ergriffen werden von den Gedanken Gottes, von seinen Gedanken erfaßt, von seinem Geist erfüllt werden. Im Himmel aufgenommen werden, die Umarmung, die Vereinigung mit Gott spüren. Gekrönt werden! Das Leben als Mosaik erkennen, in dem alle Steinchen notwendig waren, um ein schönes Bild zu ergeben. Die Heilsgeschichte als einen Bogen sehen; romanische, gotische, barocke Bögen als Symbole der Versöhnung und der Vereinigung. Ja, das ist der Weg der Menschwerdung, der Weg des Menschen.

DER FREUDENREICHE ROSENKRANZ

I.
Jesus, den du, o Jungfrau, vom Heiligen Geist empfangen hast

Bevor du gibst, empfange!
Den du vom Heiligen Geist empfangen hast!
Da ist Maria, ein Mensch – und da ist Gott.
Da ist ein Plan.
Ein Gott bleibt nicht im Himmel,
ein Gott geht zu den Menschen.
Da ist ein Mädchen.
Sie hat viele Gedanken,
sie hat eine große Sehnsucht,
die sie nicht beschreiben kann.
Sie ist stiller als die anderen Mädchen.
Sie ist voll Lebenskraft.
Sie schaut in stillen Stunden hinaus in die Weite.
Sie wartet auf jemand.
Gabriel steht vor ihr, ein Engel!
Ein Mensch mit einem Auftrag von Gott.
Du wirst vom Heiligen Geist empfangen!
Du sollst Mutter Jesu werden.
Wie soll das geschehen?
Du wirst empfangen.
Bevor du gebären kannst, mußt du empfangen:
das Geheimnis des Lebens.
Der Mensch wird gezeugt und empfangen,
er wird geboren.
Vom Heiligen Geist empfangen!
Sich nicht selber sein Glück ertrotzen wollen.
Sich führen lassen, sich Zeit lassen,
sich in die Pläne Gottes einweihen lassen.
Den du vom Heiligen Geist empfangen hast!

Sich vom Heiligen Geist den Lebensplan
bestimmen lassen,
Mensch werden, sich auftun
für Gott und seine Fügungen.

II.
Jesus, den du, o Jungfrau, zu Elisabet getragen hast

Zu Elisabet tragen,
im Vertrauen mit einem Geheimnis
zu einem Menschen kommen.
Einer hat eine Erfahrung mit Gott gemacht
und kommt zu einem anderen Menschen,
der auch von Gott ergriffen ist.

Maria und Elisabet begegnen einander,
die Begnadigte
und die Ergriffene!
Beide erfahren:
Bei Gott ist kein Ding unmöglich.
In der Begegnung der beiden Frauen
wird Gott gepriesen.
Sie staunen über die Wahrheit des Wortes:
»Der Herr ist mit dir.«
Sie werden gestärkt.
Sie sehen: In mir, in dir
ist der geheimnisvolle Gott am Werk.

Miteinander auf das Wunder warten,
miteinander beten –
das ist Kirche im kleinen.

Zwei Glaubende gehen aufeinander zu
und finden sich in Gott.
Sie erfahren das Geheimnis der Nähe Gottes
durch das Geheimnis der menschlichen Nähe.

Sie sind erfüllt von der Gewißheit:
Gott ist da,
Gott wirkt jetzt.

Maria und Elisabet,
zwei Menschen,
die sich auf Gott einlassen.

III.
Jesus, den du, o Jungfrau, in Betlehem geboren hast

Da sind eine Frau und ihr Mann,
müde geworden – die lange Reise
von Nazaret nach Betlehem.
Das Kind spüren; es drängt zur Welt.
Auf welche Welt wird dieses Kind kommen?
Betlehem – ein Ort ohne Liebe.
Wir haben keinen Platz für euch!
Keinen Platz für die Kommenden,
für die Kinder!
Wo soll ich gebären?
Du sollst die Mutter Jesu sein!
Was jetzt? Habe ich mich getäuscht?
Der Platz – ein armseliger Platz! –
wird zum Tempel, wird zur Heimat Gottes.
Maria und Josef –
Maria gebiert – Jesus ist da!
Neun Monate langes Warten,
Hoffen, Zittern, Beten, Staunen.
Jetzt ist er da!
Jesus!
Welche Geschichte ist in diesem Jesus verborgen?
Der Blick Marias auf das Kind,
der Blick Josefs auf Jesus –
Was wird geschehen?

Was ist schon geschehen?
Die letzten Monate
seit der Begegnung mit dem Engel –
Wie ist das Leben anders,
wenn wir uns Gott übergeben!
Was geschieht dann?
Die Umstände – was werden wir für Menschen?
Geboren zu Betlehem:
Der Glaube nimmt Gestalt an,
die Hoffnung wird sichtbar.
Was wir in den stillen Stunden erdenken,
was still in uns reift,
eines Tages nimmt es Gestalt an,
wird sichtbar, spürbar mitten unter uns,
als Haltung, als Geste, als Leben.

IV.
Jesus, den du, o Jungfrau, im Tempel aufgeopfert hast

Da ist ein Kind,
Jesus.
Wie sehr wurde es ersehnt!
Und da ist eine Mutter,
Maria.
Ihr Kind – und nicht nur ihr Kind.
Sie weiß um den Auftrag:
Sohn Gottes!
Sie darf dieses Kind nicht besitzen.
Sie geht mit dem Kind in den Tempel
und übergibt es sinnbildlich Gott.
Das Kind wird beschnitten,
in die Gemeinschaft der gläubigen Israeliten
aufgenommen;
in das Volk Gottes eingegliedert,
in die Familie derer, die auf Gott vertrauen,

die wissen: die Kinder gehören
nicht nur Vater und Mutter,
die Kinder gehören Gott.
Er ist der Ursprung des Lebens.
Sich Gott übergeben, dankbar sein,
das heißt: opfern können.
Gott teilhaben lassen an dem, was ich habe,
und sich freuen, ein Mensch zu sein.
Gott für sein Leben danken!
Wie Abraham im Glauben Isaak Gott übergab,
loslassen mußte in der Stunde der Opferung
von seinem Sohn Isaak
und ihn neu als Geschenk erhielt –
loslassen können von allem,
was wir festhalten möchten.
Sich Gott übergeben –
ein Weg zum Frieden.

V.
Jesus, den du, o Jungfrau, im Tempel wiedergefunden hast

Da sind Maria und Josef.
Sie suchen Jesus.
Sie suchen ihn überall.
Sie suchen ihn mit Schmerzen.
Sie haben Fragen,
Fragen an Gott,
Fragen an Jesus,
als sie ihn finden.
»Wußtet ihr nicht,
daß ich in dem sein muß,
was meinem Vater gehört?«
Was ist das für eine Welt,
in der Jesus lebt?

Was ist das für ein Weg,
den Jesus geht?
Kein unbedingter Gehorsam
gegenüber den Eltern.
Wußtet ihr nicht?
Was ist das für ein Wissen?
Was für ein Bewußtsein?
Im Tempel wiederfinden;
im irdischen Bereich verwundet sein
und spüren: es gibt nur Heilung,
wenn ich an das Jenseits denke.
Verwundet sein, den Frieden verlieren
durch rastlose Tätigkeit.
Auf Erden glücklich sein wollen.
Was wird alles eingesetzt,
um glücklich zu sein!
Was bleibt?
Resignation, Enttäuschung.
Im Tempel wiederfinden!
Wußtet ihr nicht,
daß es noch etwas anderes gibt
als Geldverdienen,
sich um die Ehre kümmern?
Wußtet ihr nicht,
daß es die Liebe gibt,
die höher ist als alles andere?
Wußtet ihr nicht,
daß ich in dem sein muß,
was Gott gehört?
Daß ich meiner inneren Stimme folgen mußte,
um meinen Frieden zu finden?

DER SCHMERZHAFTE ROSENKRANZ

I.
Jesus, der für uns Blut geschwitzt hat

Da kniet einer,
und wie viele Menschen gibt es auf Erden?
Da sieht einer in die Zukunft.
Er weiß, was im Menschen ist.
Er hat Wunder gewirkt im Vertrauen auf Gott,
zum toten Lazarus gesagt: »Komm heraus!«
Und Lazarus kam.
Da kniet einer,
der sprach wie einer, der Vollmacht hat;
nicht wie die Pharisäer und Schriftgelehrten.
Da kniet einer,
der weiß, daß die Stunde
des Fürsten der Finsternis gekommen ist;
die Stunde, da er leiden muß,
in der eine neue Wirklichkeit beginnt.
Er fühlt den Schmerz,
den körperlichen Zusammenbruch.
Er spürt die Verlassenheit –
und wie seine Freunde sich verstecken;
wie keiner zu ihm halten will.
Er spürt, daß jetzt alles anders ist.
Etwas anderes, zu sagen:
»Vater, ich preise Dich!«
Und etwas anderes, zu sagen:
»Wenn es möglich ist,
so laß diesen Kelch vorübergehen!«
Der für uns Blut geschwitzt hat!
Wie er sind viele Gute
in die Enge getrieben worden.
Wie er zittern viele.
Wie er sind viele, die leiden,

weil sie konsequent gewesen,
weil sie ihrem Wesen gefolgt sind.
Der für uns Blut geschwitzt hat!
Die für uns Blut geschwitzt haben:
die Zeugen geblieben sind der Wahrheit
unter all den Massen,
die in Unwahrhaftigkeit leben.

II.
Jesus, der für uns gegeißelt worden ist

Gegeißelt werden,
mit Blicken und mit Worten;
gegeißelt werden,
geschlagen werden.
Der für uns gegeißelt worden ist!
Da ist einer,
man urteilt über ihn,
man sieht ihn nicht,
man hört ihn nicht,
man spricht über ihn.
Der für uns gegeißelt worden ist!
Da ist einer,
der war den anderen zu gut,
ein Idealist.
Man spottet über ihn.
Da ist einer,
über den man mühelos herfallen kann.
Man kann einen Menschen mit Blicken,
mit Worten und mit Schweigen
schlagen und erschlagen;
geißeln auf vielfache Weise!
Da ist ein Mensch,
der sich nicht wehren kann;
dem nie gesagt wurde:
Bau dir einen Wall um dich herum auf!

Schütze dich selbst,
sonst wirst du eine Beute der Löwen!
Da ist ein Wehrloser.
Man fällt über ihn her.
Der für uns gegeißelt worden ist!
Da ist ein Opfer der Macht.
Argumente zählen nicht,
die Vernunft schweigt.
Macht und Gewalt greifen zu, schlagen zu.
Man hat keine Argumente,
man hat nur Fäuste.
Der für uns gegeißelt worden ist!
Einer, nicht nur einer,
viele wurden inzwischen
mit Jesus geschlagen,
in ungerechter Weise behandelt.
Sie alle sind ein Appell:
Denkt um, denkt nach!
Bist du einer, der zuschlägt,
oder wer bist du?
Denk nach!
Was tust du, wenn über andere
neben dir geurteilt wird?
Der für uns gegeißelt worden ist!

III.
Jesus, der für uns mit Dornen gekrönt worden ist

Da ist einer,
der nicht König werden wollte.
Er hat die Brote vermehrt,
wollte auf eine andere Welt hinweisen.
Man wollte ihn als Führer und Machthaber
in dieser Welt,
denn er konnte Steine in Brot verwandeln,

mühelos die Massen zwingen,
ihm zu gehorchen.
Da ist einer,
der verwandeln konnte,
ein strahlender Mensch.
Da ist einer,
der sich in dieser Welt durchsetzen könnte
mit der Kraft seiner Persönlichkeit.
Doch er sagt:
»Selig die Armen;
selig, die hungern;
selig die Gewaltlosen;
selig, wenn ihr verfolgt seid.«
Diesen einen mußte man
zum Spottkönig machen.
Er wird mit Dornen gekrönt;
nicht mit Edelsteinkronen,
mit Dornen wird er gekrönt.
Da ist einer,
der zum Gelächter wird.
Denn in dieser Welt
setzt er sich nicht durch.
Der für uns mit Dornen gekrönt worden ist!
Wie er sind viele verspottet worden,
weil sie an eine andere Welt glaubten
mitten in dieser Welt.
Weil sie nicht nur auf die eine Welt,
sondern auch auf die andere Welt bauten.
Die für uns mit Dornen gekrönt,
mit scheelen Blicken,
mit spöttischen Worten
bedacht worden sind.
Der für uns mit Dornen gekrönt worden ist!
Der eine – die vielen,
die wegen ihrer christlichen Überzeugung
mit Dornen gekrönt worden sind.

IV.
Jesus, der für uns das schwere Kreuz getragen hat

Einer, der die Fülle der Freude erfahren durfte,
der die Weite des Lebens,
die Weite des Bewußtseins erreicht hat;
einer, der die Schönheit
der menschlichen Seele erfahren hat;
einer, der die Intensität
der Beziehung mit Gott erleben konnte;
einer, der Menschen verwandelte;
einer, der den Weg vorzeigte,
der zur Liebe führt:
Nun geht er mit einem schweren Balken
den Weg nach Golgota.
Der für uns das schwere Kreuz getragen hat!
Wir dachten, es ginge anders.
Auch er dachte, es ginge anders!
Ein Mann, der doch Einfluß hatte,
konnte er die Pharisäer und Schriftgelehrten,
konnte er die Ältesten im Hohen Rat
nicht überzeugen?
Warum mußte er diesen Weg gehen?
Einsam, ausgeschlossen geht er hinaus
aus Jerusalem,
um vor den Mauern der Stadt zu sterben.
Der für uns das schwere Kreuz getragen hat!
Warum ist die Welt so anders,
als wir sie uns vorgestellt haben?
Warum ist alles so anders,
als wir es uns ausgedacht haben?
Der für uns das schwere Kreuz getragen hat!
Da geht einer,
einer, der Mensch und Gott war;
einer, der von uns ist und von Gott.

Da geht einer hinaus,
um am Kreuz zu sterben.
Da gehen viele hinaus
und sterben einen frühen Tod:
durch Krankheit und Naturgewalten,
durch Unfall oder Hunger.
Da gehen viele hinaus, die verblutet sind
im Krieg oder sonstwo.
Die für uns das schwere Kreuz getragen haben,
vor uns, für uns.

V.
Jesus, der für uns gekreuzigt worden ist

Golgota!
Da ist er, der Felsen!
Vor den Mauern Jerusalems,
zwischen zwei Verbrechern,
wird sein Kreuz aufgestellt.
Das sind die Kulissen des Gerechten,
die Kulissen des Erlösers!
Da hängt er, der Freie,
angenagelt.
Darunter Johannes und Maria:
»Siehe da deinen Sohn!
Siehe da deine Mutter!«
Jesus stirbt am Kreuz.
Jesus löst sich von allem,
auch von Maria und Johannes;
er löst sich auch von der Vorstellung,
der Vater könnte ihm jetzt noch helfen.
»Warum hast Du mich verlassen?«
Auch das stirbt in ihm,
diese Art von Glauben.
Ein neuer Glaube entsteht:
»Vater, in Deine Hände lege ich meinen Geist!«

Ich höre auf, zu denken.
Ich höre auf, mir ein Bild zu machen,
mir etwas zu erwarten.
Ich lege mich in Deine Hände.
So stirbt Jesus.
Der für uns am Kreuz gestorben ist!
Wie viele sind gestorben in Vertrauen,
in Verzweiflung und doch wieder in Vertrauen.
In Verlassenheit und doch in der Geborgenheit
eines uns überall umgebenden Gottes.
Der für uns gekreuzigt worden ist!

DER GLORREICHE ROSENKRANZ

I.
Jesus, der von den Toten auferstanden ist

Das Drama am Kreuz,
es ging zu Ende.
Tot.
Ein neues Leben beginnt.
Jesus ist auferstanden.
Er hat die Erfahrung des irdischen Lebens
in die Ewigkeit mitgenommen.
Seine Wundmale leuchten.
Wir haben durch ihn die Gewißheit,
daß unsere Augen
nur einen Teil der Wirklichkeit sehen.
Was sah man in Jesus Christus am Kreuz?
Einen, der starb.
Man hörte die Schreie der Verlassenheit.

Die Auferstehung ist kein Ereignis
für Reporter und Fotografen.
Jesus kam zu denen,
die ihm vertrauten.
Den Zweiflern zeigte er sich nicht.

Es gab genug Zeugen für die Auferstehung.
Einer, der selbst unsicher war und leugnete,
wurde zum Fels,
auf dem die Gemeinde der Glaubenden
aufgebaut wurde.
Apostel, die ratlos waren,
wurden zu Quellen der Hoffnung.
Menschen, die wenig besaßen,
konnten viele reich machen.
Menschen, die selbst gelitten hatten,
wurden Liebende ohne Maß.

Menschen, die den Auferstandenen lebendig sahen,
ließen durch ihr Leben
die Auferstehung sichtbar werden.

II.
Jesus, der in den Himmel aufgefahren ist

Noch bist du verärgert,
noch bist du vergrämt,
verschlossen,
verbittert.
Lies die Heilige Schrift!
Lies von Menschen wie Abraham,
was er gefühlt,
was er erlitten,
was er ertragen hat!
Wie er warten mußte,
bis ihm Isaak geschenkt wurde.
Lies von Mose!
Von dem langen Marsch durch die Wüste;
von den Krisen,
die er erlebte.
Lies von den Propheten,
wie sie verfolgt wurden!
Lies von Jesus,
was er erfahren hat!
Lies von den ersten Christen,
was sie erlebten und erlitten!
Du wirst ruhig werden.
Du wirst dich lösen
von deinen Vorstellungen.
Du wirst dankbar sein
und plötzlich in den Himmel auffahren,
plötzlich einen anderen Zustand erleben,
einen Zustand der Vereinigung,
der Geborgenheit.
Der in den Himmel aufgefahren ist!

III.
Jesus, der uns den Heiligen Geist gesandt hat

Er hat uns den Geist gesandt.
Geist –
als Quelle des Lebens,
als Quelle der Weisheit,
als Quelle des Friedens.
Aus Geist besteht alles.
Auch die Materie ist
verdichteter Geist,
eingeschlossener Geist,
eingesperrter Geist.
Der uns den Geist gesandt hat!
Er hat uns den Geist,
die Energie der Liebe gesandt,
in feurigen Zungen,
wie Sturm in der Stille.
Der uns den Geist gesandt hat!
Einen Geist, der uns hilft,
die Geheimnisse in der Stille zu bedenken,
das Erkannte weiterzugeben,
Gemeinschaften aufzubauen,
die vom Geist getragen sind.
Der uns den Heiligen Geist gesandt hat!
Nicht den Geist der Rechthaberei,
nicht den Geist des Streites,
nicht den Geist der Engstirnigkeit.
Den Geist der Weite,
den Geist der Liebe,
den Geist des Friedens.

IV.
Jesus, der dich, o Jungfrau, in den Himmel aufgenommen hat

Der dich im Himmel umarmt hat.
Du bist angekommen im Himmel,
und da ist einer,
der dich umarmt: Gott.
Seele, Gott hat auf dich gewartet!
Nun bist du eins mit ihm.
Er umarmt dich.
Du bist deiner Bestimmung nachgekommen.
Du hast Seinem Wort entsprochen.
Du bist Antwort geworden auf Sein Wort.
Nun bist du daheim.
Nun schweigen die Fragen.
Nun dankst du.
Nun singst du: »Halleluja!«
Nun sagst du: »Gott sei Dank!«
Der Weg ist hinter dir,
die Gipfel, die Abgründe, die Schluchten.
Maria, freue dich!
Maria, juble laut!
Denn es ist in Erfüllung gegangen,
was du geglaubt hast.

V.
Jesus, der dich, o Jungfrau, im Himmel gekrönt hat

Maria, im Himmel gekrönt!
Nun ist es soweit.
Es schweigen die Nörgler,
es schweigen die Zweifler.
Es ist Stille im Himmel.
Du wirst gekrönt.

Du bist Magd,
du warst nicht Herrin!
Du hast dich nicht
mit den Ellbogen durchgesetzt.
Du wolltest nicht die erste sein.
Du hattest den Mut,
die Demut, zu dienen.
Nun wirst du gekrönt,
Mensch!

Sei gegrüßt, Mensch,
der du den Mut hast,
auf dieser Welt zu dienen;
nicht nur »warum« zu fragen,
sondern »danke« zu sagen;
Zweiter zu sein und Dritter;
zu opfern,
zu leiden
und zu verzichten,
bis das Schöne dir zukommt
auf dieser Welt
und in jener.
Du wirst gekrönt!
Halleluja!

Der Engel des Herrn

(Angelus)

Es sind in diesem Gebet drei Stufen christlichen Denkens, drei Stufen des christlichen Daseinsvollzuges angedeutet: Zuerst hören können auf die Botschaft und empfangen können vom Heiligen Geist; dann sich selbst als Gottesdiener erkennen und schließlich geschehen lassen; sich bewußt werden, daß ein größerer Plan da ist als der meine; daß einer eine größere Liebe hat, als ich sie habe. Geschehen lassen!

Der Engel des Herrn
brachte Maria die Botschaft

Da ist ein Plan.
Da ist Gott,
der einen Engel schickt.
Und da ist ein Mädchen,
das Ausschau hält.
Der Engel des Herrn
konnte von Maria gesehen werden,
weil sie vertraute.

Der Engel des Herrn
brachte Maria die Botschaft.
So viele Engel sind unterwegs
und werden von uns nicht gesehen,
nicht gehört und nicht wahrgenommen.
Wir lassen viele Engel vorbeiziehen!

Der Engel des Herrn,
er wartet in vielen Gestalten,
auch in der Gestalt eines Menschen,

in der Gestalt einer Blume,
in der Gestalt eines Baumes;
in vielen, vielen Gestalten.

Und sie empfing vom Heiligen Geist

Da ist also einer,
der eine Botschaft sendet.
Doch welch eine seltsame Nachricht:
»Sie empfing vom Heiligen Geist.«
Maria wartet,
in ihr reift das Kind.
Sie empfängt vom Heiligen Geist,
denn sie sieht nicht nur die Materie,
sie schaut wesentlich tiefer.

Maria sprach:
Siehe, ich bin die Magd des Herrn

Maria fragt nicht:
Wer bin ich?
Was kann ich?
Was muß ich tun,
um glücklich zu werden?
Sie glaubt an sich selbst
als Magd des Herrn.
Sie weiß, daß sie selbst
nur einen Sinn findet,
wenn sie dient.
Sie fragt:
»Wie soll das geschehen?«
Und sie hört:
»Bei Gott ist kein Ding unmöglich.«

Siehe, ich bin die Magd des Herrn!
Siehe, ich bin ein Mensch,

der hört,
der glaubt,
der vertraut.
Siehe, ich bin ein Mensch,
der da ist,
der betet.
Ich bin ein Mensch,
der da ist, wenn er gebraucht wird.
Siehe, ich bin die Magd des Herrn!

Mir geschehe nach Deinem Wort

Ja, es geschehe!
Ich muß nicht alles verstehen.
Ich vertraue, bevor ich verstehe.
Das ist Maria, das ist Glaube.
Das ist Vertrauen.
Wenn nur das geschehen dürfte,
was wir verstehen,
wie wenig Großes wäre auf dieser Welt
wirklich entstanden!
Wie viele Menschen konnten
in ihren Begegnungen schon verstehen,
was Auftrag war,
was sie tun mußten!
Wie viele konnten verstehen,
daß das große Leiden,
das sie total forderte
und das sie reifen ließ,
ihnen auch neue Ausstrahlung verlieh?
Maria vertraut,
bevor sie versteht.
Und es geschieht Großes!
Mir geschehe nach Deinem Wort!

Maria verzichtet darauf,
alles selbst tun zu müssen.

Sie sagt einfach: »Mir geschehe!«
Es wird geschehen.
Sie ist nicht passiv.
Sie hat genug zu tun.
Sie wird Mutter.
Es blieb ihr die Arbeit nicht erspart,
auch wenn sie geschehen ließ.
Aber in allem, was da geschah,
wirkte der Gedanke:
Gott ist da!
Ob in Betlehem,
am Rande, hinausgedrängt,
einsam gebärend;
ob auf der Flucht nach Ägypten:
Maria war da!
Mir geschehe nach Deinem Wort!

Und das Wort ist Fleisch geworden und hat unter uns gewohnt

Es blieb nicht bei dem Wort.
Das Wort ist Fleisch geworden.
Es hat Gestalt angenommen,
ist zur Welt gekommen.
Das Wort ist Fleisch geworden
und hat unter uns gewohnt!
Wo immer wir vertrauen, glauben,
wird etwas Konkretes geschehen:
Ein Mensch wird plötzlich gesund.
Ein verhärteter Mensch wird plötzlich zu einem,
mit dem man reden kann.
Ein Mensch, der verzweifelt war,
kann plötzlich hoffen.
Das Wort ist Fleisch geworden!
Wer vertraut,
wird Gott konkret erfahren.

Jesusgebet

Jesus, Dir leb ich; Jesus, Dir sterb ich;
Jesus, Dein bin ich im Leben und im Tod.

Unzählig vielen Menschen hat dieses Gebet
Kraft und Halt gegeben.
Sie haben sich durch dieses Gebet
getragen und beschützt gefühlt.
Dieses Gebet hat sie am Leben Jesu
teilnehmen lassen.
Der Christ braucht ein andauerndes Gespräch
mit seinem Herrn und Meister.
Mit jedem Herzensgebet
kann die Verbundenheit
mit Jesus Christus wachsen.
Liebende wissen um die Notwendigkeit
eines immerwährenden Gesprächs.
Es bedarf dabei nicht immer
der Worte und Blicke.
Vielmehr geht es dabei
um ein inniges »Für-den-anderen-dasein«.
Wir sollten ein Leben lang
mit Jesus Christus im Gespräch bleiben.
Beten heißt: sich übergeben,
sich Jesus anvertrauen.
Dann übernimmt Sein Geist
die Führung in meinem Gebet.
Wir sollten Jesus die Möglichkeit geben,
an uns zu arbeiten.
Wir möchten so gerne
unsere Vorstellungen verwirklichen.
Jesus Christus aber hat größere Vorstellungen
von unserem Leben.
Er soll unser Meister sein.

Ehre sei dem Vater

Ehre sei dem Vater und dem Sohn und dem Heiligen Geist

Mensch, erkenne deinen Wert!
Gott möchte durch dich wirken.
Du bist wichtig für Ihn!
Längst bevor du an Gott denken konntest,
hat Er dich geliebt.

Doch Mensch, überschätze dich nicht!
Du hast einen Auftrag,
dich Gott zur Verfügung zu stellen.
Darin liegt die Würde des Menschen,
daß Gott sich in ihm verwirklichen möchte.

Schau in die Geschichte der Menschheit,
wie Menschen ohne Gott
zum Ziel kommen wollten.
Was kam heraus?
Unterdrückung und Vernichtung
des Menschen.
Nicht wir haben das Leben erdacht,
nicht wir haben das Weltall erschaffen.
Es ist daher notwendig,
demütig und andächtig
die Gesetze des Lebens und des Universums
zu erforschen.
Ein dreieiniger Gott wendet sich uns zu
bei Tag und bei Nacht.
Ihm sei die Ehre!
Ihm gehört unsere Seele und unser Leib.
Wir sind nicht Eigentümer unseres Lebens.
Gott ist das Leben.
Wo wir Ihn ehren,
nehmen wir uns selbst erst richtig an.

Ehre sei dem Vater!
Wenn wir so beten,
bewahren wir uns vor Größenwahn,
vor Eitelkeit und Lieblosigkeit.

»Ehre sei dem Vater ...«
Ein Gebet für die Großen der Welt
und für die Kleinen.
Ein politisches Gebet
und ein persönliches Gebet.
Es kann unsere Menschenwürde retten
und uns den Frieden sichern helfen.

Wie im Anfang, so auch jetzt und alle Zeit und in Ewigkeit

Wir können nicht anders,
als mit dem Maßstab »Zeit« zu denken.
Für Gott wird es die Grenze
von Vergangenheit, Gegenwart und Zukunft
nicht geben.
Seine Gedanken sind nicht immer
unsere Gedanken,
seine Wege nicht unsere Wege.
Er sieht die Welt
und die Entwicklung der Menschheit
anders als wir.
Für uns bleibt vieles unerklärlich.
Was wir im Moment
nur als Unglück empfinden,
können wir später
als notwendigen Reifevorgang erkennen.
Gott überblickt unsere mögliche Zukunft.
Wir dürfen uns Ihm anvertrauen und beten:
Ehre sei dem Vater...

Der Leib als Botschaft

Gedanken über
Haltung und Gebärde

Oft wird die Kluft zwischen dem Verstand und dem Gefühl beklagt. In den christlichen Kirchen gibt es Gebete mit Worten und die Haltung des Betenden. Im Laufe der Zeit hat man erkannt: Leib und Seele gehören zusammen, auch beim Beten. Die einzelnen Haltungen zeigen nicht nur die äußere Gestaltung, sondern auch den inneren Vorgang. Jede Haltung löst in der Innenwelt Gefühle aus. Es geht nicht immer um das, was wir denken. Der Mensch existiert im Leib, im Gefühl, im Denken. Ich habe im Folgenden versucht, Grundhaltungen beim Beten zu bedenken. Einzelne Gebete sollten mit Gebärden verbunden werden. Das Gebet soll zur Ruhe, zum Frieden führen. Gebärden und Worte wirken zusammen. Sie ergeben Harmonie.

Gefaltete Hände

Im Händefalten bekenne ich mich
zur Polarität des Daseins.
Es geht um zwei Hände,
nicht nur um eine Hand.
Zwei Hände falten,
sie langsam zueinander führen.
Wie wichtig, im Gespräch zwei Pole
der Wirklichkeit anzuerkennen.
Es gibt einen Widerstand, der berechtigt ist,
und eine Ergebung, die notwendig ist.
Gnade und menschliche Anstrengung,
Geschenk Gottes und Hingabe des Menschen,
Vertrauen und Kontrolle.
Es ist jede Einseitigkeit ein Irrtum,
denn Gott hat Himmel und Erde erschaffen,
Mann und Frau,
Licht und Finsternis.
So durchzieht unser Leben
Leid und Freude.
Das Händefalten sagt uns:
Es gibt zwei Pole der Wirklichkeit.
Wir bekennen uns zur Polarität des Daseins.

Beim Händefalten weisen unsere Hände
nach oben zu Gott.
Es gibt nicht nur die Erde,
meine Sorge, meine Probleme, das Schwere.
Ich erhebe mich.
Ich erhebe mein Herz zu Gott,
wie ich meine Hände erhebe.
Sie sind wie zwei Türme,
wie zwei Kirchtürme, die nach oben weisen.
Sie weisen zu Gott.
Was auch immer geschieht – Gott ist da.

Was auch immer geschieht –
Gott ist meine Hilfe.
Hände falten und zunächst keine Worte machen.
Eine Zeitlang still werden.
Finger um Finger legen,
so nehmen die Spannungen ab.
Ich betrete das stille Kämmerlein,
von dem Jesus sagt:
»Wenn du betest, geh in dein Kämmerlein!«
Das Kämmerlein ist die Stille, die Ruhe.
Zuerst still werden!
In der Stille nähert sich Gott.

Das Gegenteil vom Händefalten ist:
die Fäuste ballen.
Viele, die nicht beten können, ballen die Faust.
In eine Faust kann nichts hineindringen
und nichts herauskommen.
Die Faust ist das Sinnbild der Abgeschlossenheit,
der Verbitterung, der Verkapselung.
Wer nicht betet, gerät in Gefahr, sich abzuschließen,
seine Verbitterung zu verewigen.
Er glaubt, ein Recht zu haben
auf seine Verbitterung.
Wer die Fäuste ballt, kann nicht mehr empfangen,
Er lebt im Zustand der Verweigerung, des Todes.
So ist es notwendig für Menschen,
die verbittert sind,
die die Fäuste ballen,
zu beten.
Wenn ich für einen Menschen hoffe,
für einen Menschen glaube,
für einen Menschen bete,
dann kann sich die Verkrampfung lösen,
und es kann der Mensch
durch meine Hoffnung auferstehen.

Ausgebreitete Arme

Die Arme sind ausgebreitet.
Ich bin bereit, zu empfangen.
Ich bin bereit, zu umarmen.
Ich lobe dich!
Ich freue mich,
daß es Dich gibt, o Gott!
Ich komme zu Dir!
Du bist da.
Ich umarme Dich.
Ich gebe Dir die Hand!
Ich freue mich!

Ich brauche Dich!
Hier sind meine Hände.
Halte mich!
Halte mich,
rette mich!
Ich versinke.
Jesus, Du hast Petrus aus dem Wasser gezogen,
als er zu zweifeln begann.
Da sind meine Hände!
Auch ich bin am Versinken.
Halte mich!

Stehen

Aufrecht dastehen,
still dastehen.
Hören.
Ich bin bereit.
Ich bin bereit,
ich sammle mich.
Ich bin da!
Stehen.
Dastehen, still, gesammelt,
um von Gottes Gedanken erfüllt zu werden,
um von Seiner Ruhe,
von Seiner Gnade erreicht zu werden.
Dastehen, bereit sein,
eine Aufgabe zu übernehmen.
Dastehen als Zeichen der Bereitschaft:
Ich bin da!

Gehen

Prozessionsweg – Wallfahrt.
Ich gehe.
Den Weg gehen.
An den Lebensweg denken.
Schritt für Schritt –
Ich kann nichts überspringen.
Alles braucht seine Zeit.
Ich brauche Stunden, um ein Ziel zu erreichen.
Gehen.
Nicht sitzen, nicht stehenbleiben, gehen!
Sich weiter bewegen.
Nicht bei einem Gedanken stehenbleiben
und erstarren.
Nicht bei einem Wort, bei einem Buchstaben
stehenbleiben und festgefahren sein.
Nicht stur werden: gehen, sich bewegen!
Sich immer neu den einzelnen Erscheinungen,
sich immer neu Menschen zuwenden.
Gehen!
Zu Gott gehen,
vor Gott sitzen,
vor Gott stehen,
vor Gott knien,
vor Gott liegen.
Alles löst etwas in uns aus!
Dabei ist es wichtig,
sich für die einzelne Gebärde
Zeit zu lassen.
Nur so dringt Äußeres
in unsere Innenwelt ein.

Sitzen

Dasitzen –
konzentriert sein.
Still dasitzen.
Nur da sein.
Nichts wollen,
nur hören, horchen.
Die vielen Stimmen verstummen lassen,
die in mir sind.
Dasitzen –
ruhig werden.
Wenn ich meine Sitzhaltung verändere,
dann wieder ruhig werden.
Das ergibt ein Klima,
in dem ein Wort, das vorgelesen wird,
mich treffen kann.
Ich brauche eine Verfassung,
ich brauche eine Atmosphäre des Vertrauens,
damit mich das Wort Gottes ergreifen kann.
Dasitzen –
und still sein!
Die Gebärde des Vertrauens,
die Gebärde der Aufnahmebereitschaft.

Knien

Wir alle wollen uns durchsetzen,
tüchtig sein, etwas erreichen,
genannt werden, ausgezeichnet werden.
Wir wollen was sein;
wir wollen vor allem mehr sein als andere.
Wir meinen, daß wir gescheiter sind
als der andere.
Wir meinen auch, daß wir besser sind
als die anderen.
Knien ist ein Akt der Demut.
Ich zeige öffentlich:
Ich anerkenne einen Herrn, der über mir ist.
Ich anerkenne einen absoluten Geist,
von dem ich mir Gedanken eingeben lasse.
Ich anerkenne einen Herrn, der mich führt.
Ich anerkenne einen Plan, der größer ist
als mein Plan,
einen Willen, der stärker ist als mein Wille.
Ich knie. Ich bete an.
Ich beuge mich vor Gott und sage ihm dadurch:
»Du, sprich! Dein Diener hört.
Führe! Führe mich!
Ich will Dir folgen!
Zeig mir Deinen Willen,
ich werde ihn ausführen!
Nicht ich bin das Zentrum der Welt,
Du bist es!
Nicht ich habe die Welt erschaffen,
Du hast begonnen!«
Ich knie.

Gebet (kniend)

Ich verneige mich vor Dir,
dem großen Gott.
Ich verneige mich
vor dem Wesen,
vor der Seele,
vor dem Selbst,
das Du in mich hineingesenkt hast
und das über mich hinausgeht.
Du wurzelst in mir,
und ich habe vor Dir Ehrfurcht
in mir.
Ich knie vor Dir,
denn es ist schön, zu spüren,
daß es unendlich Großes gibt,
größer, als ich denken kann;
gewaltiger, als ich es fassen kann;
weiter, als ich es wahrnehmen kann.
Ich danke Dir!

Wegweiser für Suchende

Meditationen über
die christlichen Grundwahrheiten

1. Grundwahrheit:

Es ist ein Gott

Ich schaue ...

Ich stehe am Abend am Fenster und schaue hinaus. Ein Weltall, voll von Sternen. Jeder Stern so groß und stark wie unsere Sonne. Nur eine kleine Zahl der Sterne läßt sich mit freiem Auge erkennen.
Millionen von Sternen. Millionen von Lichtjahren entfernt, eine Fülle von Energie! Seit Jahrmilliarden strahlen sie.
Da denke ich an Gott.

Ich stehe in der Gebärklinik und schaue durchs Fenster in den Raum, wo die Neugeborenen liegen. Zwanzig kleine Wesen vor mir – Menschenkinder, Menschenschicksale! Wohin werden sich diese Menschen entwickeln? Zehn, zwanzig, vierzig, sechzig, neunzig Jahre! Wie werden sie aussehen? Was werden sie sein, wenn sie von dieser Welt gehen? Gereift, verbittert, ergeben?
Da frage ich nach Gott!

Ich gehe in eine Kirche

Der Lärm ist in mir verstummt. Ich höre nichts. Ich warte einige Zeit. Ich komme zu mir. Ich finde mich. Vor mir stehen die Statuen der Heiligen. Sie sind im Frieden. Sie sind vollendet.

Ich bin im Kampf. Nach einer Weile sage ich leise: »O Gott«, mache ein Kreuzzeichen und mische mich wieder unter die Menschen, die hassen und lieben.

Wer ist Gott – wer bin ich?

Um diese Frage zu beantworten, müßte ich zunächst auf die Frage »Wer bin ich?« eingehen. Doch wie

eindringlich ich auch die Psychologen, die Mediziner und Philosophen befrage, sie können mir nicht umfassend erklären, wer ich bin. Ich bleibe mir selbst ein Rätsel, ein Geheimnis.
Vor der Gotteserfahrung steht die Selbsterfahrung. Viele unserer Zeitgenossen haben keinen echten Kontakt zu sich selber. Sie führen Krieg gegen sich selbst. Sie laufen meist vor den großen Erfahrungen wie Schmerz, Reue, Liebe, Freude davon. Sie versuchen ein kleinkariertes, gewöhnliches, alltägliches Leben zu leben. Werden sie so Gott finden? Gott ist nicht nur im Kosmos und über dem Kosmos zu finden. Gott ist im Menschen zu entdecken. Wie soll ein Mensch, der dauernd auf der Flucht vor sich selbst ist, zu Gott kommen? Er wird zu einem Gottesbild seiner Kindheit flüchten, er wird zu einem unwirklichen Gott, zu einem Wunschbild beten. Dieses Wunschbild verhindert eine wirkliche Auseinandersetzung mit sich selbst. So sind viele Menschen an einem erstarrten Gottesbild zerbrochen.

Wie siehst du Gott?

Nicht umsonst heißt es im Alten Testament: »Du sollst dir kein Gottesbild machen« (Ex 20,4).
Wir Menschen denken bildhaft. Nicht das bildhafte Vorstellen ist gefährlich, sondern das Stehenbleiben dabei. Nur wenige Menschen denken weiter. Was sie einmal von Gott gehört haben vor vielen Jahren, wird mit den eigenen Lebenserfahrungen nicht verbunden. Sie bleiben stur im Entwicklungsstadium eines Schulkindes stecken.
Es ist notwendig, weiterzudenken, weiterzuglauben, bis zu unserer unmittelbaren Begegnung mit Gott im Tod.
Unzählige Menschen sind durch ihre erstarrten Wunschbilder seelisch krank geworden. Gott ist, wie

ER ist, und nicht, wie wir es gelernt haben oder wie wir Ihn haben wollen. Wir können nur eines: Ihm täglich begegnen, täglich auf Ihn eingehen, täglich auf Ihn hören.
Beim Beten ist das Schweigen wichtiger als das Reden. »Solange wir reden, muß Gott schweigen«, sagt der große christliche Mystiker Johannes Tauler.

Nicht grübeln, sondern beten!
Gott zeigt sich kaum dem Grübler. Gott ergibt sich dem betenden und staunenden Menschen. Mose zog sich nach einem aufregenden Leben am Königshof in die Steppe zurück. Er lebte verborgen. Er hatte Zeit zum Betrachten und Staunen. In dieser Zeit begegnet ihm Gott im brennenden Dornbusch. Gott stellt sich Mose mit den seltsamen Worten vor: Ich bin der »Ich-bin-da« (Ex 3,14). Mose dringt auf Gott ein, er möge ihm Namen und Eigenschaften sagen. Denn die Israeliten wollen eine genaue Personsbeschreibung. Gott läßt sich auf die nähere Offenbarung nicht ein. Er zeigt sich und verbirgt sich. Er sagt: »Ich bin einfach für euch da.« Er kann nur in der Begegnung erfahren werden. Ernst Barlach sagt in seinem Drama »Der Graf von Ratzeburg« als Bekenntnis seines Lebens: »Ich habe keinen Gott, aber Gott hat mich.«

Gott ist Liebe
Die Heilige Schrift hat viele Aussagen über Gott gemacht. Alle Hinweise fließen in einer Schau des hl. Johannes zusammen, der sagt: »Gott ist die Liebe« (1 Joh 4,8). Alle anderen Glaubensaussagen sind dieser Grundwahrheit unterzuordnen.
Der hl. Augustinus sagt: Weil Gott gut (d. h. liebend) ist, deshalb sind wir. Der christliche Denker Boëthius bekennt, daß es Gottes Natur sei, sich zu verströmen

und mitzuteilen. Die Schöpfung ist aus der Sehnsucht Gottes entstanden, sich herzugeben. Da Gott Liebe ist, kann ein Mensch, der liebt, viel von Gottes Wesen erfahren. Wer sich in das Geheimnis der Wahrheit »Gott ist Liebe« vertieft, dem werden Angst, Zweifel, Mutlosigkeit, Verbitterung genommen werden. Wir dürfen uns an Gott freuen.
Gott ist für uns, nicht gegen uns. Gott ist uns in jeder Sekunde, wo wir auch sind, wer wir auch sind, nahe. Gott ist uns treu. Sein Wesen ist Liebe und nicht Rachgier. Unser eigenes Leben wird sich entscheidend wandeln, wenn wir an einen Gott der Liebe glauben können.

Du mußt selber gewandert sein

»Wenn du dein Verhalten nicht einem Gesicht zuliebe änderst, das sich dir offenbart hat und in dir eine neue Liebe begründet, sondern wenn du dich durch eine schwache Erschütterung der Luft bestimmen läßt, die nur eine unfruchtbare Logik ohne Gewicht mitführt, dann weise ich dich ab.
Denn man stirbt nicht für das Zeichen, sondern für das Unterpfand, das dem Zeichen zugrunde liegt. Und wenn du das letztere ausdrücken willst, so bedarf es dazu mehr als des Gewichts der Bücher aus allen Bibliotheken der Welt. Denn was ich auf so einfache Weise eingefangen habe, vermag ich dir nicht weiterzugeben. Du mußt selber gewandert sein, um den Berg, den mein Gedicht erwähnt, in seiner ganzen Bedeutung in dich aufnehmen zu können.
Wie viele Worte müßte ich gebrauchen, wenn ich dir, der du dich niemals vom Meere entfernst, das Gebirge nahebringen wollte?
Und so ist es auch mit dem Brunnen. Wenn dich niemals dürstet und du noch nie die Hände aneinandergepreßt hast, um sie hinzuhalten und Wasser zu

empfangen, wirst du nicht ahnen können, welche Erquickung es für dich bereithält. Gewiß kann ich den Brunnen besingen: Wo aber bleibt die Erfahrung, und wo sind die Muskeln, die deine Erinnerung wachrufen?
Wenn ich dich daher Gott lehren möchte, werde ich dich zunächst bergsteigen lassen, damit du den steilen Grat unter den Sternen in seinem ganzen Zauber kennenlernst. Ich werde dich in der Wüste verdursten lassen.«
(Antoine de Saint-Exupéry)

Die Grenzen der Sprache und Darstellung
Gott ist in keine Glaubensformel zu pressen. Er ist nicht wirklich darstellbar. Alles, was wir sagen, sind nur Hinweise und Andeutungen. Daher sind Lehrsätze über Gott Ansätze, aber nie Schlußsätze. Unsere Gedanken und Darstellungen dürfen nicht erstarren. Ein erstarrtes Gottesbild wird zum Götzen. Wer Gott entsprechend verehren möchte, wird ständig geistesgegenwärtig und wach sein müssen. Daher der wiederholte Auftrag der Bibel: »Wachet und betet!« Das heißt: Lebt in einer Verfassung, wo Gott euch begegnen kann! Überall, wo Gott faßbar gemacht wurde, hat man Ihm die Anziehungskraft genommen. Allzu sicheres Reden von Gott ist ein Zeichen, daß es an Betroffenheit fehlt.
Gott wartet uns gegenüber. Das ist der tiefste Sinn des Wortes »Gegenwart«. Daher können wir nur »jetzt oder nie« Gott begegnen.

Zur Selbstbesinnung
Alle Aussagen über Gott sind unvollständige Hinweise, die durch unser Gebet ergänzt und vertieft werden müssen.
Nicht wir haben Gott, sondern Gott hat uns.

Um Gott zu begegnen, brauchen wir innere Sammlung, Schweigen und Konzentration.
Gott ist Liebe. Diese Liebe reicht über menschliches Verstehen von Liebe weit hinaus.
Wir sollen uns von Gott keine Wunschbilder machen, sondern ständig mit unserer Lebenserfahrung mitdenken und so unseren Glauben täglich reifen lassen.
Gott hat uns aus Liebe erschaffen.
Gott bleibt uns treu. Er zieht seine Hand nicht zurück, wenn uns Frau, Mann, Kinder und Freunde verlassen.
Gott steht zu uns in Ewigkeit.

Bibelstellen zum Nachdenken
»Ich gehe in eurer Mitte; ich bin euer Gott, und ihr seid mein Volk« (Lev 26,12).
»Gott ist nicht wie ein Mensch« (Num 23,19).
»Niemand hat Gott je gesehen« (Joh 1,18).
»Und alle werden Schüler Gottes sein« (Joh 6,45).

2. Grundwahrheit:

In Gott sind drei Personen: der Vater, der Sohn und der Heilige Geist

Ich stehe auf einem Berg
Ich bin umgeben von majestätischen Gebirgsketten. Ein Anblick, wo ich mir wünsche: Augenblick, verweile doch, du bist so schön! Abgründe und Höhen. Träume sind Berge gewesen. Ein Paradies. Ich danke Gott, meinem Vater und Schöpfer.

Ich suche einen Weg nach innen
Ich quäle mich mit Fragen. Ich lese Bücher. Sie machen mich nicht reifer. Plötzlich begegne ich einem weisen Menschen. Er hört mir konzentriert zu. Er geht auf mich ein und gibt mir Anregungen. Er verstärkt meine positiven Ansätze. Er kritisiert und ermuntert mich in einem. Ich bin ergriffen. Ich spüre deutlich, da ist Gott vor mir. Gott hat zu mir gesprochen. Gott in der Gestalt eines Siebzigjährigen.

Ich sitze im Zimmer
Ich höre im Radio eine Beethoven-Symphonie. Ich konzentriere mich ganz auf die Musik. Nach einiger Zeit bin ich erfüllt von der Kraft und Dynamik dieser Musik. Ich werde von innen zu einem einzigen Loblied. Ich spüre, daß Gott in mir ist.

Jesus spricht vom Vater und vom Heiligen Geist
Jesus lebt seinen Jüngern die Einheit mit dem Vater vor. »Ich bin der wahre Weinstock, und mein Vater ist der Winzer« (Joh 15,1). Jesus vergewissert sich der Einheit mit dem Vater. Er verspricht seinen

Jüngern, daß er mit dem Vater kommen werde. »Wer meine Gebote hat und sie hält, der ist es, der mich liebt; wer mich aber liebt, wird von meinem Vater geliebt werden, und auch ich werde ihn lieben und mich ihm offenbaren« (Joh 14,21). »Wie mich der Vater geliebt hat, so habe auch ich euch geliebt. Bleibt in meiner Liebe!« (Joh 15,9) Jesus verspricht, einen inneren und immerwährenden Ratgeber, den Heiligen Geist, zu senden: »Wenn ihr mich liebt, werdet ihr meine Gebote halten. Und ich werde den Vater bitten, und er wird euch einen anderen Beistand geben, der für immer bei euch bleiben soll. Es ist der Geist der Wahrheit, den die Welt nicht empfangen kann, weil sie ihn nicht sieht und nicht kennt. Ihr aber kennt ihn, weil er bei euch bleibt und in euch sein wird« (Joh 14,15–17).

Gott über uns, Gott mit uns, Gott in uns

Die Bibel zeigt uns deutlich, daß Gott nicht auf seinem himmlischen Thron unbewegt und ohne innere Anteilnahme das Ringen der Menschen beobachtet. Er beteiligt sich an unserer Geschichte. Gott steigt vom Himmel herab. Er neigt sich uns Menschen zu. Er wird selbst Mensch in Jesus von Nazaret. Gott hilft nicht nur aus sicherer Entfernung. Er will uns als Mensch in Jesus Christus verstehen, uns helfen, heilen, uns erlösen. Gott geht aus sich heraus. Er wird Mensch und bleibt Gott. Er wird verwundbar, müde und bleibt doch allmächtig.

Schutz vor Irrtum

Die Dreifaltigkeitslehre kann uns davor bewahren, Gott zu einem ungreifbaren, fernen Geist zu machen. Anderseits kann diese Lehre davor schützen, in Jesus zwar einen guten, aber letztlich gescheiterten Menschen zu sehen. Sie wehrt dem Mißverständnis, daß der Heilige Geist die Bestätigung unserer Institutionen sei, daß er mit unserer revolutionären Aktivität oder unserem Ideenreichtum gleichzusetzen sei. Die Lehre von der Dreifaltigkeit sagt uns: Gott ist uns näher, als wir denken. Jesus ist anspruchsvoller, als wir uns eingestehen. Die Kirche ist mehr als alle ihre Ämter.

Gott ist überall

Die Lehre von der Heiligsten Dreifaltigkeit zeigt den Einsatz Gottes für den Menschen. Gott ist nicht nur der Schöpfer der Welt, der diese dann ihrem Heil oder Unheil überläßt. Gott hat sich nach dem Schöpfungswerk von der Welt nicht zurückgezogen. Gott ist immer da. Er leidet, er stirbt und wird auferweckt. Gott läßt die Menschen nicht allein. Er geht nicht nur mit ihnen als ihr Begleiter. Er wird vielmehr zur inneren Stimme, zum inneren Ratgeber im Menschen. Die Lehre von der Dreifaltigkeit kann uns auf die vielfache Gegenwart Gottes aufmerksam machen: Gott im Himmel, Gott auf der Erde, Gott oben, Gott unten, Gott über uns, Gott unter uns, Gott mit uns, Gott in uns. Wer nur mit dem logischen Denken das vielfältige Dasein Gottes begreifen möchte, gleicht einem Menschen, der mit einem Löffel das Meer ausschöpfen möchte. Das Wesentliche an Gott ist, daß er unbegrenzt, unerreichbar und unbegreifbar ist. Gott ist mehr als ein Richter, der mit dem Notizblock in der Hand wartet, um darin Gut- und Schlechtpunkte einzutragen.
Gott ist mehr als ein Mensch, der einsam am Kreuz stirbt. Gott ist nicht nur ewig und ungeboren. Er kommt in Jesus als sterblicher Mensch auf die Welt. Er wächst heran, er wird reif.

Der Unbegreifliche
Die Lehre von der Dreifaltigkeit berührt die Unbegreifbarkeit Gottes. Manche möchten Gott verständlich machen. Sie möchten die Glaubenslehre auf einige verständliche Sätze zusammenkürzen. Sie nehmen damit dem Menschen wesentliche Entfaltungsmöglichkeiten. Denn je kleiner und einsichtiger Gott wird, desto armseliger wird der Mensch bleiben. Sie möchten Gott auf ihr Niveau herunterdrücken. Aber damit machen sie ihn zu einem Götzen. Wir werden uns mit dem unbegreiflichen Gott in jedem Zeitalter neu auseinandersetzen müssen. Er wird nie umfassend und verständlich darstellbar sein. Wir werden uns nie ein genaues Bild von ihm machen können. Wer soll jemals verstehen, daß Gott sowohl allmächtig (Gott als Schöpfer) als auch ohnmächtig (Gott am Kreuz), sowohl unendlich ferne (Gott im Himmel) als auch unendlich nahe (Gott in uns), daß Gott Bruder und Richter zugleich sein kann. Es ist notwendig, täglich neue Lebenserfahrungen zu sammeln, um Gott konkret zu erfahren. Wir werden im Alltag die vielen Wirkungsweisen Gottes erleben. Dadurch werden wir uns Gott nähern können. Durch die Lebenserfahrung werden viele unserer Fragen eine unaussprechliche Antwort erhalten.

Zur Selbstbesinnung
Der Mensch kann Gott mehrfach erfahren: als den Herrn und Schöpfer, als den Vater aller Menschen, als den Bruder und Wegweiser, als den Ratgeber, Anwalt und Beistand.
Die Erfahrungen Gottes mit dem Menschen sind in der Bibel dargelegt. Die Lehre von der Dreifaltigkeit geht von den biblischen Zeugnissen aus. Menschen haben über ihre Erfahrungen, die sie mit Gott gemacht haben, nachgedacht.

Gott ist unbegrenzt. Wir können Ihm keine Vorschriften machen, wie er zu wirken hat. Er begegnet uns göttlich und menschlich, in der äußeren und in der inneren Welt. Er begegnet uns als der Leidende und Gescheiterte (in Jesus) und als der Allmächtige. Die Lehre von der Dreifaltigkeit fordert unser Denken und Glauben heraus. Wir können nicht sagen, daß Gott *nur* Vater, *nur* Bruder oder *nur* Tröster ist. Er ist alles und alles ganz. Jeder Mensch wird Gott verschieden erleben. Wir müssen in unserem Denken bescheiden sein. Wir werden die volle Wahrheit nicht begreifen, denn Gott und sein Wirken sind größer, als unser Denken je sein kann.

Bibelstellen zum Nachdenken

»Denn in Gott leben wir, bewegen wir uns und sind wir, wie auch einige von euren Dichtern gesagt haben: Wir sind von seiner Art« (Apg 17,28).

»Wir wissen, daß Gott bei denen, die ihn lieben, alles zum Guten führt« (Röm 8,28).

»Ist Gott für uns, wer ist dann gegen uns?« (Röm 8,31).

»Ihr aber gehört Christus, und Christus gehört Gott« (1 Kor 3,23).

3. Grundwahrheit:

Der Sohn Gottes ist Mensch geworden, damit er uns durch seinen Tod am Kreuz erlöse und ewig selig mache

Ein herrlicher Sommertag

Ich wandere. Ich gehe an vielen Kreuzen vorbei. Bei einem mache ich halt. Mein Blick fällt auf das Gesicht des Gekreuzigten. Seltsame Ergebenheit im Schmerz! Dieses Gesicht läßt mich nicht los. Ich beginne zu denken: Wer ist Er, von dem das Christentum ausgeht? Ein ernsthafter Denker? Ein Träumer? Ein gescheiterter Weltverbesserer? Ist er endgültig tot? Ist er mehr als nur eine fromme Legende? Was haben wir Christen von Jesus Christus gezeigt? Ist er nur ein Mensch oder Gottes Sohn? Was hat er wirklich gedacht? Was hat er gefühlt? Wie ist er mit seiner Angst, mit seiner Sehnsucht, mit seinen Fragen und Zweifeln fertig geworden? Ist er gestorben voll Hoffnung? Voll Verzweiflung? Sind die Berichte der Evangelien zuverlässig, oder sind sie durch die Bewunderung gefärbt?
Wer ist dieser Mann, der Hunderttausende in ihrem Denken, in ihrem Verhalten und in ihrem Handeln beeinflußt und geprägt hat?

Unser Jesusbild

Manche haben ein klischeehaftes Jesusbild, das sie ungefragt seit ihrer Kindheit mitgenommen haben, sie sehen ihn als Garanten der Ruhe, des Trostes und des Friedens. Andere wieder bewundern ihn als den großen Gesellschaftskritiker, der die Etablierten verunsichern wollte. Wieder andere sehen in ihm einen harmlosen Idealisten, der an der Realität scheiterte. Einen von vielen, die mit der Bosheit der Welt nicht

fertiggeworden sind. Manche denken ernsthaft über ihn nach. Andere plappern nur übernommene Urteile nach.
Es fehlt nicht an Theologien, Auffassungen, Bildern und Erfahrungen von Jesus Christus. Die Evangelien enthalten zwar die Botschaft Jesu, doch über seine Person sprechen die Evangelisten nur in Andeutungen. Es gibt kein überprüftes und offizielles Christusbuch. Den Evangelien zufolge muß Jesus eine vielschichtige Persönlichkeit gewesen sein. Er konnte messerscharf denken, hatte aber auch ein intensives Gefühlsleben. Selbst die bestausgebildeten Schriftgelehrten konnten ihm keine Falle stellen. Jesus sprach meist in Bildern. Er wandte sich nicht mit Formeln an die Menschen, sondern erzählte Geschichten und Gleichnisse. Diese Gleichnisse lassen sich mehrfach deuten. Er hat auch die größten Spannungen in seiner Persönlichkeit ausgehalten. Er ist »wahrer Gott und wahrer Mensch«. Jesus sagte: »Seid klug wie die Schlangen und naiv wie die Tauben!« Er liebte seine Jünger. »Nicht Knechte nenne ich euch, sondern Freunde.« Dennoch nannte er Petrus »Satan«, als dieser ihn von seinem Weg abbringen wollte. Er redete wie einer, der Macht hat, doch vor Pilatus schwieg er.

Kein einseitiges Denken

Jesus befürwortet die Steuer an den Kaiser und weist zugleich auf die notwendige Hingabe an Gott hin. Er fordert seine Jünger auf: »Sorgt euch nicht um euer Leben und darum, daß ihr etwas zu essen habt, noch um euren Leib und darum, daß ihr etwas anzuziehen habt.« Anderseits sagt er im Gleichnis von den Talenten, daß sich der Mensch auf seine Begabung konzentrieren solle. Er verlangt den vollen Einsatz. Die Kirchengeschichte zeigt, wie sehr man oft einzelne Worte Jesu in den Vordergrund gedrängt, andere dagegen verschwiegen hat. Nicht wenige Christen sind dadurch seelisch geschädigt worden. Es geht um den *ganzen* Christus. Jesus kam, um den Menschen von einem kleinkarierten und auf Gesetze versteiften Denken und Glauben zu befreien. Er zeigt eine Lebenseinstellung, die frei und stark macht.

Jesus fordert zur Umkehr heraus

Jesus hinterfragt die Lebensgewohnheiten und die gängigen Anschauungen. Damit macht er sich unbequem. Er geht von der Tiefe aus. »Mein Vater und ich sind eins.« Er ist geprägt von der Einheit mit seinem Vater. In dieser Einheit kann er Wunder wirken. Im Sterben Jesu wird die Spannung offenbar. Nach dem Bericht des Markus stirbt Jesus mit den Worten: »Mein Gott, mein Gott, warum hast Du mich verlassen?« Bei Lukas lauten die letzten Worte Jesu: »Vater, in Deine Hände lege ich meinen Geist.«
Die Spannung durchzieht die ganze Botschaft Jesu. Er fordert zum Denken und zur Umkehr heraus. »Die Zeit ist erfüllt, und das Reich Gottes ist nahe. Bekehrt euch und glaubt an das Evangelium!«

Jesus befreit

Jesus lehrt wie einer, der Vollmacht hat, und nicht wie die Schriftgelehrten. Er tritt wie ein jüdischer Weisheitslehrer auf. Er lehrt in der Synagoge und streitet mit seinen Gegnern. Man stellt Jesus Fragen, z. B. nach Sinn und Anwendung der Gebote. Er antwortet ungewöhnlich auf diese Fragen. Sehr bald wird er vom Volk als Autorität in der Schriftauslegung anerkannt und deshalb wie die Schriftgelehrten mit dem Titel »Rabbi« (Meister, Lehrer) angeredet. Jesus unterscheidet sich aber von den damaligen Rabbinern durch die Unmittelbarkeit seiner Gleichniserzählungen und durch die Freiheit in der Auslegung des alttestamentlichen Gesetzes. Er faßt die vielen hundert Einzelbestimmungen in dem Grundgebot der Gottes-, Selbst- und Nächstenliebe zusammen. Der Mensch soll sich nicht mit der korrekten Erfüllung des Gesetzes zufriedengeben. Er soll den Blick auf den Menschen richten. »Der Sabbat ist für den Menschen da, nicht der Mensch für den Sabbat.«

Lieben

Die Einheit von Gottes- und Nächstenliebe wird an Jesus selbst deutlich. Er ist ganz auf den Vater ausgerichtet und dabei ganz für den Menschen da. Derselbe Jesus, der vielen Menschen hilft, entzieht sich immer wieder den Menschen, um allein mit dem Vater zu sein und zu beten (vgl. Mt 14,23; Mk 1,35; 6,46; Lk 6,12; 9,28).

Umdenken

»Die Zeit ist erfüllt, und das Reich Gottes ist nahe. Bekehrt euch und glaubt an das Evangelium!« Geschichtlich gesehen fällt die Wirklichkeit Jesu in eine Periode vieler Erwartungen. Eindringlich und einfach spricht Jesus vom Reich Gottes. Gott zeigt sich. Davon sprachen auch die Propheten. Jesus geht weiter: Er verkündet: »Die Zeit ist erfüllt!« Jetzt zeigt sich Gott durch Jesus.

Jesus – unser Bruder

»Der Menschensohn ist nicht gekommen, um sich bedienen zu lassen, sondern um zu dienen und sein Leben als Lösegeld für viele hinzugeben.« Jesu Autorät kommt aus seinem Beispiel. Er lebt, was er sagt. Er ist treu und barmherzig, er verzichtet und verzeiht. Besonders in der Begegnung mit Frauen und Kindern und mit den Verachteten der Gesellschaft zeigt sich Jesus als der Mensch für andere. Die Pharisäer und Schriftgelehrten empören sich darüber und sagen: »Er läßt sich mit Sündern ein und ißt sogar mit ihnen.« Jesus hört es und sagt zu ihnen: »Nicht die Gesunden brauchen den Arzt, sondern die Kranken. Ich bin gekommen, um die Sünder zu rufen, nicht die Gerechten.«

Jesus heilt

Jesus hat Dinge getan, die im Volk den Eindruck seiner Vollmacht vertieften. Die meisten Wunder Jesu sind Heilungen. Sie sind ein unbedingtes Ja zum Leben und ein Nein zu Krankheit und Tod.

Jesus will keine Bewunderung, sondern Nachfolger! »Nicht jeder, der zu mir sagt: Herr! Herr! wird in das Himmelreich kommen, sondern nur, wer nach dem Willen meines Vaters im Himmel handelt.« Zu seinen Jüngern sagt Jesus: »Wer zu mir gehören will, der verleugne sich selbst, nehme sein Kreuz auf sich und folge mir nach.« Es war im Judentum der damaligen Zeit üblich, daß angesehene Gesetzeslehrer Jünger, d. h. Schüler, um sich sammelten, um ihre Erkenntnis weiterzugeben. Was am Jüngerkreis Jesu auffällt, ist: Die Menschen, die Jesus berief und die ihm nachfolgten, gehörten nicht zu der führenden Schicht des Volkes. Sie waren meist einfache Fischer aus Galiläa, einem verachteten Landstrich in der Provinz. Jesus beanspruchte seine Jünger ganz und gar. Er wollte keine Zusammenarbeit auf Zeit, sondern eine Lebens-, Leidens- und Auftragsgemeinschaft, die nicht kündbar war. Jesu Jünger verstanden ihn oft nicht. Sie wurden rasch mutlos und verließen ihn in den entscheidenden Stunden des Leidens. Judas verriet ihn, Petrus verleugnete ihn. Zwei Jünger, die Jesus bewußt berufen hatte.

Jesus leidet
Jesus ist nicht als ein von den religiösen oder staatlichen Führern Ausgezeichneter, sondern als Verurteilter gestorben. Es gehört zu den tiefsten Erfahrungen des christlichen Glaubens, daß er den Blick auf den Gekreuzigten lenkt, der Hoffnung und Zuversicht gerade dann erweckt, wenn sich der Mensch in der Krise befindet.

Jesus Christus ist vom Tode auferstanden
Das Neue Testament wurde aus der Gewißheit heraus geschrieben: Der Herr ist nicht im Tode geblieben, er ist wahrhaftig auferstanden! Mit der Auferstehung Jesu geht nicht nur die Sache Jesu weiter. Jesus selbst begegnet seinen Jüngern. Er spricht und ißt mit ihnen. Er läßt sich von ihnen berühren. Es wird vom Zweifel seiner Apostel gesprochen. Die einzelnen Darstellungen berichten von Zittern und Furcht. Er aber sprach zu ihnen: »Erschreckt nicht! Ihr sucht Jesus von Nazaret, den Gekreuzigten. Er ist auferstanden; er ist nicht hier. Seht, da ist die Stelle, wo man ihn hingelegt hatte.« Die Erkenntnis dessen, was Ostern bedeutet, erweist sich in ihrer ganzen Tragweite erst nach der Erscheinung des Auferstandenen (Emmausjünger).

Jesus – der Weg, die Wahrheit und das Leben
»Und jeder, der lebt und an mich glaubt, wird in Ewigkeit nicht sterben. Glaubst du das?« Jesus ist gekommen, um dem Menschen eine hoffnungsvolle Lebenseinstellung zu bringen. Er hat uns eine Wahrheit mitgeteilt, die den Menschen aller Zeiten bleibenden Sinn gibt. Der Mensch ist Sohn oder Tochter Gottes, ein Kind Gottes. Gott geht dem verlorenen Sohn entgegen und gibt ein Fest. Jesus bekennt sich voll zum Leben. Er befreit von Krankheiten, Vorur-

teilen und engstirniger Denkweise. Er ist Zeuge für die Wirklichkeit Gottes in dieser Welt und Zeit.

Zur Selbstbesinnung

Die Evangelien sind in erster Linie Zeugnisse des urchristlichen Glaubens an Jesus Christus.

Jesus trat nicht als politischer Befreier seines Volkes, sondern als Prediger einer umfassenden göttlichen Erneuerung des Menschen auf. Er sagt das Reich Gottes an.

Jesus darf nicht einseitig gesehen werden. Er war weder ein Sozialrevolutionär noch ein weltfremder Prediger.

Jesus setzt Gottes- und Nächstenliebe auf dieselbe Stufe. Jesus tritt für die Außenseiter ein. Er läßt sich aber von den Vornehmen einladen.

Jesus stellt höchste Ansprüche an den Menschen. Wer ihm nachfolgt, muß alles andere wie Ehe, Familie, Besitz zurückstellen.

Jesus kam als Lebensmeister. Er wollte den Menschen einen Weg zeigen, wie sie ihr Leben sinnvoll gestalten können.

Jesus war ganz für Gott und ganz für den Menschen da. Er horcht auf den Vater und gehorcht. Aus seiner Einheit mit dem Vater schöpft er die Kraft, Kranke zu heilen und Tote zu erwecken.

Jesus hat Jünger um sich versammelt. Ihnen vertraute er alles an, was er vom Vater wußte. Jesus lebte mit seinen Jüngern in Gemeinschaft. Die Jüngergemeinschaft ist die Keimzelle der Kirche.

Jesus fiel durch seine harte Kritik an den Pharisäern bei den maßgeblichen Kreisen der Juden in Ungnade. Man ließ ihn verhaften. Man machte ihm den Prozeß. Er wurde zum Tode verurteilt.

Jesus ist Gott und Mensch. Er ist der gekreuzigte und auferweckte Herr. Er bleibt uns als der verklärte und auferstandene Herr nahe. Er bewältigt mit uns die Geschichte und wird sie mit uns vollenden.

Bibelstellen zum Nachdenken

»Kehrt um! Denn das Himmelreich ist nahe« (Mt 4,17).

»Ich preise dich, Vater, Herr des Himmels und der Erde, weil du all das den Weisen und Klugen verborgen, den Unmündigen aber offenbart hast« (Lk 10,21).

»Bei dem Kreuz Jesu standen seine Mutter und die Schwester seiner Mutter, Maria, die Frau des Klopas, und Maria von Magdala« (Joh 19,25).

»Er, der dies bezeugt, spricht: Ja, ich komme bald. – Amen. Komm, Herr Jesus!« (Offb 22,20)

4. Grundwahrheit:

Gott ist ein gerechter Richter, der das Gute belohnt und das Böse bestraft

Ich spüre am Morgen ...

Es läuft nichts richtig. Der Ärger steigt. Ich »pfauche« meine Mitarbeiter an. Ich brülle ins Telefon. Ich möchte am liebsten aus der Haut fahren. Jemand sagt mir: Was hast du? Was soll das? Zieh dich doch eine Viertelstunde zurück! Versuch ruhig über dich nachzudenken! Dann komm wieder ins Büro zurück! Ich befolge den Rat. In der Stille kommen mir die Fragen: Was hat mich heute zermürbt? Was macht mich zornig? Wie bin ich in den letzten Wochen und Monaten geworden? Unausstehlich? Ich habe keinen Grund, so zu werden. Ich bin gesund und habe viele Freunde. Ich habe viele Erwartungen. Alles sollte noch schneller gehen. Ich möchte noch erfolgreicher werden. Ich möchte mir noch mehr kaufen können usw. Das peitscht mich auf. Ist es nicht wichtiger, ausgeglichen zu leben und Herzlichkeit unter den gehetzten Menschen auszustrahlen? Verärgerte Menschen gibt es genug. Doch Menschen, die hören können, drohen auszusterben. Ich kann mich ändern. Es ist die Kraft dazu in mir. Ich kann ein Mensch oder ein Unmensch sein. Nach kurzer Zeit ist es ruhig in mir. Ich spüre, wie der Ärger nachläßt. Neue Lebenskraft kehrt zurück. Ich behandle meine Mitarbeiter freundlicher als zuvor. Die Umstände scheinen auf einmal günstiger zu sein. Ich bin anders geworden.

Was zählt

Die Bergpredigt zielt auf das radikale Ernstnehmen des Willens Gottes. Jesu Botschaft darf nicht zu einer Summe von Geboten verkürzt werden. Wird Gott mit einem formelhaften und ängstlichen Gehorsam zufrieden sein? Gibt es nicht mehr als nur Gebote und Verbote? Da würde ein Letztes ausgespart, das doch über die Haltung des Menschen entscheidet. Gott will mehr! Er beansprucht nicht nur den halben, sondern den ganzen Willen des Menschen. Er fordert nicht nur das kontrollierbare Äußere, er fordert auch das unkontrollierbare Innere, das Herz. Er will nicht nur gute Früchte, sondern auch den guten Baum. Nicht nur das Handeln, sondern auch das Sein. Nicht nur etwas, sondern mich selbst. Die Bergpredigt ist nicht als Gesetz zu verstehen. Jesus ist kein Jurist. Er appelliert, er zeigt auf, er gibt aber keine gesetzliche Regelung.

Brav sein oder mehr?

Warum hat Jesus keine eindeutigen Vorschriften hinterlassen? Jesus verpflichtet seine Jünger: »Ihr sollt also vollkommen sein, denn auch euer himmlischer Vater ist vollkommen.« Er betet: »Dein Wille geschehe!« In der Apostelgeschichte verteidigen sich Petrus und Johannes vor dem Hohen Rat: Das Gesetz könnte vom Nachdenken und vom ständigen Horchen auf Gott ablenken. Die meisten Menschen machen sich nicht die Mühe, täglich neu auf den Willen Gottes einzugehen. Sie treffen daher immer wieder Fehlentscheidungen. Sie erfüllen zwar äußerlich ein Gesetz, sind aber trotz Gebotserfüllung zutiefst unglücklich. Der Mensch soll sich täglich auf Gott einstellen. Wer sich auf die Einhaltung des Gesetzes beschränkt, könnte meinen, man brauche nur das Gesetz zu erfüllen – und schon ist Gott befriedigt. Es geht aber um etwas Umfassenderes. Daher kann ich nur im täglichen Beten den Willen Gottes erhorchen. Dieser Weg ist zeitraubend. Die tägliche Begegnung mit Gott ist aber der einzige

Weg, wie wir auf die Gedanken Gottes eingehen können. In der Übereinstimmung unseres Willens mit dem ewigen Willen Gottes werde ich Frieden erfahren.

Jesus – unser Weg

»Bekehrt euch und glaubt an das Evangelium!« Jesus ist nicht nur Wahrheit. Er ist auch Weg. Wir sollten wie Jesus über die Feinde, über die Ausgestoßenen, über die Selbstgerechten usw. denken. Unsere Moral heißt: Nachfolge Jesu. Jesus spricht nicht nur von den Forderungen. Er beginnt seine Rede mit Verheißungen. Zum Beispiel: »Ihr seid das Salz der Erde ... Ihr seid das Licht der Welt. Eine Stadt, die auf einem Berge liegt, kann nicht verborgen bleiben.«

Der Anspruch Jesu

Jeder Mensch ist berufen, über seine alltäglichen Gedanken, über seine negativen Gefühle wie Zorn, Haß, Eifersucht hinauszuwachsen. Wir werden ohne tägliche Besinnung nicht reif werden. Der Mensch muß sich selbst erkennen. Wir täuschen uns meist über uns selbst. Durch schonungslose Selbsterkenntnis können wir diese Täuschungen entlarven. Nicht wenige sogenannte »anständige« Menschen sind im Grunde nur scheinheilig. Sie halten sich für besser, als sie sind. Sie machen sich selbst etwas vor. Sie haben noch nicht den Mut, sich gründlich zu prüfen. Sie fliehen vor der Stille. Die Stille stellt Fragen an uns, denen wir uns nicht entziehen können. Manche Menschen sind aber bis zu ihrem Tod gierig, unzufrieden, hektisch, starr, uneinsichtig. Sie werden erst im Fegefeuer zur wahren Selbsterkenntnis gelangen. Das Fegefeuer ist die Phase, wo wir »nachsitzen« und »nachreifen« werden.

Das Gewissen

Das Gewissen ist eine Art Kompaß, der uns den rechten Weg anzeigt; ein Radargerät, das uns die heraufziehende Gefahr ankündigt. Vor der Tat eifert es uns an oder warnt uns. Nach der Entscheidung reagiert das Gewissen mit Unbehagen oder mit Genugtuung. Die eigenen Gewissensentscheidungen kann uns niemand abnehmen, nicht die Kirche, nicht der Papst. Das Gewissen ist in der persönlichen Freiheit des Menschen begründet. Heute kommt dem Gewissensurteil des einzelnen immer größere Bedeutung zu. Durch die Ausweitung der technischen und wissenschaftlichen Möglichkeiten hat sich auch die Verantwortung des Menschen erweitert. Das Gewissen ist in ständiger Gefahr, zum eigenen Vorteil milde und nachgiebig zu werden. Stolz, Zeitgeist, Leidenschaft und Eigensinn können das Urteil des Gewissens zu eigenen Gunsten verfälschen. Wie ein Meßgerät überprüft werden muß, ob es auch genau mißt, so muß sich auch das Gewissen an den Geboten orientieren. Jesus sagt: »Wer mir nachfolgt, wird nicht in der Finsternis (= Sinnlosigkeit) gehen.«

Der Mensch belohnt und bestraft sich selbst

Viele Menschen haben Angst vor Gott, weil sie in ihm nur den Richter sehen. Gott ist aber kein willkürlicher Richter. Er kennt keine Ausnahmen. Bei ihm gibt es keine Protektion. Gott hat die Gesetze der Natur, die Gesetze der Seele und die Gesetze des Kosmos festgelegt. »Was der Mensch sät, wird er auch ernten.«

Gott richtet nicht. Der Mensch richtet sich selbst. Wer nicht glaubt, ist schon gerichtet. Jede böse Tat hat Folgen. Ein neidischer, rachsüchtiger Nimmersatt wird sich selbst langsam aufreiben. Er mag sich vielleicht eine Zeitlang durchsetzen. Doch eines

Tages wird ihm die Leere und Einsamkeit des Lebens bewußt werden. Das ist das Gericht. Ein Mensch, der sich an Halbwahrheiten und Lügen gewöhnt hat, wird zu keinem anderen Menschen Vertrauen haben. Er wird selbst an der Scheinwelt, die er zusammenlügt, zugrunde gehen. Ein Mensch, der nur sich selbst kennt und niemand anderen gelten lassen will, wird in einer ausweglosen Situation ohne Freunde dastehen. Ein Mensch, der glaubt, auf Gott verzichten zu können, wird eines Tages mit der Sinnlosigkeit seines Lebens zu ringen haben. Niemand braucht sich zu rächen. Niemand braucht einen anderen zu beneiden. Wir tragen das Gericht in uns. Die Fassaden von Reichtum, Ehre und Macht sagen über die innere Gestalt eines Menschen wenig aus. Keiner entkommt sich selbst. Wie viele beginnen zu trinken! Sie wollen vergessen. Sie wollen sich selbst entkommen. Der Mensch muß sich sich selbst stellen, wie immer er auch geworden ist. Nur wer zu sich selbst schonungslos ehrlich geworden ist, kann den inneren Frieden erreichen. Himmel, Hölle und Fegefeuer beginnen bereits hier auf Erden. Wir dürfen gewiß sein, daß Güte, Verstehen, Hilfsbereitschaft bereits auf Erden gute Früchte hervorbringen. Gott läßt uns Zeit, auf der Erde zu reifen. Gott hat uns zum Maximum, nicht zum Minimum berufen. »Allen, die siegen, werde ich zu essen geben vom Baum des Lebens!«

Zur Selbstbesinnung

Die Botschaft Jesu verlangt das Ernstnehmen des Willens Gottes.

Durch ständige Besinnung können wir den Willen Gottes kennenlernen.

Der Mensch ist zur Vollendung berufen.

Der Mensch richtet und bestraft sich selbst. Keiner kann sich selbst entkommen.

Der äußerliche Gehorsam den Geboten gegenüber reicht nicht für die echte Menschwerdung.
Es geht um die Gesinnung. Es geht um innerliche Klarheit und menschliche Echtheit. Jesus hat die Selbstgerechtigkeit, Scheinheiligkeit und Heuchelei der Pharisäer mit scharfen Worten angeprangert.
Jesus leugnet nicht, daß es Sünde und Gericht gibt. Er verzeiht und hilft den Menschen, daß sie einen neuen Anfang setzen können.
Himmel, Hölle und Fegefeuer beginnen schon hier auf Erden und werden in der Ewigkeit offenbar.

Bibelstellen zum Nachdenken
»Ich weiß, mein Gott, daß du die Herzen prüfst« (1 Chr 29,17).
»Lernt, Gutes zu tun! Sorgt für das Recht! Helft den Unterdrückten! Verschafft den Waisen Recht, tretet ein für die Witwen!« (Jes 1,17)
»Denn ruhmreich ist der Lohn guter Mühe und unvergänglich die Wurzel der Klugheit« (Weish 3,15).
»Wenn ihr mich liebt, werdet ihr meine Gebote halten« (Joh 14,15).
»Laß dich nicht vom Bösen besiegen, sondern besiege das Böse durch das Gute!« (Röm 12,21)
»Kämpfe den guten Kampf des Glaubens, ergreife das ewige Leben, zu dem du berufen worden bist und für das du vor vielen Zeugen das gute Bekenntnis abgelegt hast« (1 Tim 6,12).

5. Grundwahrheit:

Ohne die Gnade Gottes können wir nicht selig werden

Gnade und menschliche Leistung

Ein Mann wendet sich an mich. Er ist verzweifelt. Seine Frau hat sich mit seinem Freund in eine intime Beziehung eingelassen. Er will mit seinem Leben Schluß machen. Ich sitze einem zerstörten Mann gegenüber. Zunächst kämpfe ich gegen meine Aufregung. Was soll ich sagen? Was soll ich tun? Dann wird es in mir ruhig. Ich versuche, ganz da zu sein. Ich versuche, konzentriert auf mein Gegenüber einzugehen. So wird Gott in mir wirken und sprechen können. Nach einiger Zeit sagt er: »Ich kann nicht mehr hassen.« Er bekam Mut, sein Leben fortzusetzen.

Wer will aus einem solchen Gespräch exakt den menschlichen und göttlichen Anteil herausschälen? Wieweit konnte *ich* diesem Menschen helfen? Und wieweit hat Gott durch mein Gespräch, durch mein schweigendes Zuhören ihn beeinflußt? Was ist Gnade, und was ist menschliche Leistung?

Jesus und die Ehebrecherin

Man brachte eine Ehebrecherin zu Jesus. Das Gesetz des Mose befahl, man solle eine solche Frau steinigen. Jesus sagte zu ihren selbstgerechten Anklägern: »Wer von euch ohne Sünde ist, werfe als erster einen Stein auf sie!« Nach einer Weile des Schweigens wandte sich Jesus an die Frau und fragte sie, ob denn niemand da sei, der sie anklage. Sie sagte: »Keiner, Herr!« Da sagte Jesus: »Auch ich verurteile dich nicht. Geh und sündige von jetzt an nicht mehr!«

Hier wird Verzeihung ausgesprochen, ohne daß

darum gebeten worden ist. Hier findet Schuldvergebung ohne Beichte statt. Für jedes menschliche Gesetzessystem wäre das ein unmöglicher Weg. Es ist aber der Weg Gottes.

Der Charme Gottes

Die Jünger suchten nach einem Wort, wie sie diese vergebende Liebe Jesu ausdrücken könnten. Sie wählten dafür das griechische Wort »charis«, das wir mit »Gnade« übersetzt haben. Unglücklicherweise wurde dieses Wort in der theologischen Diskussion so abgenützt, daß wir heute besser Güte und Zärtlichkeit sagen sollten, um diese Grundhaltung Gottes zum Ausdruck zu bringen.

Gott hat Sehnsucht nach uns

Wir sind Geliebte. Gott hat uns geschaffen. Gott freut sich an unserer Entfaltung. Er will unser Leben und unsere Freude. Er freut sich, wenn wir uns entwickeln. Wir sind für Gott anziehend. Deshalb sollten wir uns nicht mit dauernden Selbstvorwürfen zermürben. Wenn Gott uns mag, sollten wir uns selbst auch lieben. Viele Menschen haben sich durch ihr negatives Denken selbst aufgerieben. Gott hat uns nicht erschaffen, damit wir uns selbst verachten.

Gottes Sympathie für uns

Wir dürfen es uns täglich vorsagen: Gott mag uns. Gott steht zu uns. Wenn Gott auf meiner Seite ist, was kann mir dann eigentlich schon geschehen? Jesus hat uns gesagt, daß wir Kinder Gottes sind. Wozu also unsere Angst? Wozu das Jammern, daß wir nur armselige Menschen sind? Wir sollten uns nicht in unsere Armseligkeit verlieben. Im Blick auf Gottes Größe und in der Erfahrung seiner göttlichen Zuneigung wird uns viel Freude zuteil. Gott ist Mensch geworden, um uns seinen Charme menschlich zeigen zu können.

Erfahrene Liebe macht stark

Jesus hat sich nicht nur denen gezeigt, die es verdienen. Er ist mit seiner ganzen Hingabekraft auch auf Sünder und Ausgestoßene eingegangen. Wir dürfen Gottes großzügige Liebe in jeder Situation, auch in der tiefsten Schuld, erhoffen. Wer Gnade erfährt, wird Liebe weiterschenken können. Erfahrene Liebe macht stark. Einige Widerstandskämpfer der NS-Zeit, die zum Tode verurteilt wurden, haben ihren Eltern aus dem Gefängnis geschrieben, daß sie ohne Haß gegenüber ihren Henkern und Richtern sterben. Und sie berichten, daß sie von ihren Eltern außergewöhnlich viel Liebe empfangen haben. Wir werden einem Menschen nie mit Haß, Abneigung und liebloser Kritik helfen können.
Gott wirbt um uns. Er bedroht uns nicht. Er läßt uns seine Liebe spüren. Seine erfahrene Liebe macht uns so stark, daß wir auch den Feinden verzeihen können. Der Mensch ist nichts Statisches. Der Mensch entsteht, er wird, er wächst, er verkümmert, er lebt auf, er erfährt Einsamkeit, er fühlt sich geborgen, er reift, er fällt in ein primitives Stadium zurück, er erhebt sich von neuem, er leidet, er denkt, er besinnt sich, er bereut, er ändert sich, er richtet sich nach der Stimme des Inneren, er wird gelassen. Diese Stadien eines Menschen zeigen das Auf und Ab im menschlichen Leben, bis er seine Ruhe findet im Vertrauen auf Gott. Gott begleitet den Menschen. Dort, wo der Mensch nichts als Zorn, Haß und Verzweiflung empfindet, kann Gott trotzdem am Aufbau eines gütigen, gelassenen Menschen arbeiten. Gott hat uns zuerst geliebt. Darin liegt das Geheimnis der Gnade. Nicht wir haben Gott, das Leben, die Welt – Gott hat

uns erschaffen. Diese vorauseilende Zuneigung ohne Gegenliebe der Menschen zeigt uns das Wesen der Gnade. In der Heiligen Schrift wird von der unüberwindlichen Liebe Gottes zu uns gesprochen: Mit ewiger Liebe habe ich dich geliebt, darum habe ich dir so lange die Treue bewahrt!

Es wird alles gut

»Wir wissen, daß Gott bei denen, die ihn lieben, alles zum Guten führt, bei denen, die nach seinem ewigen Plan berufen sind.«

Was ergibt sich nun, wenn wir das alles bedenken? Ist Gott für uns, wer ist dann gegen uns?

In besonders enger Beziehung steht Gnade zu den Begriffen »Kraft« und »Apostolat«. Gnade ist die Anziehungskraft Gottes. Wie uns ein anmutiger, charmanter, wohlwollender Mensch anzieht, so lenkt Gott unsere Aufmerksamkeit auf sich. Welt, Mensch, Kosmos sind von Grund her geliebt. Wo ich vom Oberflächlichen zum Grund stoße, werde ich die liebevolle Ausstrahlung der Natur und des Menschen ganz besonders erfahren. »Die Hoffnung aber läßt nicht zugrunde gehen; denn die Liebe Gottes ist ausgegossen in unsere Herzen durch den Heiligen Geist, der uns gegeben ist.« Wir sind von einem wohlwollenden Gott umgeben. Das Bewußtsein, vom erhabenen, ewigen, unbegrenzten Gott geliebt zu sein, gibt uns die Kraft, Berge zu versetzen. Vom heiligen Stephanus, der als einer der ersten Martyrer für Christus starb, heißt es: »Stephanus aber, voll Gnade und Kraft, tat Wunder und große Zeichen unter dem Volk.«

Meine Gnade genügt dir

Der Apostel Paulus erhält in der Stille des Herzens auf sein drängendes Gebet die Antwort: »Es genügt

dir meine Gnade; denn sie erweist ihre Kraft in der Schwachheit. Daher will ich mich all meiner Schwachheit rühmen, damit die Kraft Christi auf mich herabkommt.«
Gnade ist keine Gabe, die vom Geber trennbar wäre. Gnade bedeutet, daß Gott wirkt. Wer jemanden liebt, wird für den geliebten Menschen etwas tun, mit ihm reden, ihn zärtlich streicheln, ihn beschenken. Alles kommt aus einer Quelle, der Liebe. Gnade ist also nicht eine von Gott losgelöste Kraft oder Gabe.
Gott selbst ist Gnade für den Menschen. Jesus zeigt uns, wie sehr uns Gott liebt, durch seine klare und innige Hingabe an die Jünger, an die Sünder, an alle Menschen. Wo das Gesetz und das Recht im Vordergrund stehen, kann sich Liebe nicht entwickeln. Zwar läuft alles in der Welt nach bekannten oder unbekannten Gesetzen ab, der Ursprung der Gesetze aber ist die Liebe. So spannt sich der Bogen vom Gesetz zur Gnade.

Unverdiente Liebe

Paulus schreibt in seinen Briefen viel über die Gnade. Wir verdienen Gottes Liebe nicht durch unser Handeln. Wir erzwingen seine Vergebung nicht durch unser Gutsein. Wir verdienen seine Zuneigung nicht, indem wir ängstlich uns an die Gesetze halten. Gott ist kein Buchhalter und kein Richter, der immer nur im Gesetzbuch nachsehen muß. Er ist kein Kassier, der unsere guten Taten verrechnet. Im Gegenteil, Gott handelt mit Charme. Er schenkt sich uns mit unberechenbarer Großzügigkeit. Er hofft auf eine großzügige Antwort unsererseits. Gnade ist nicht nur eine Reihe von Dingen, die Gott uns schenkt. Gott selbst gibt sich uns hin. Jesus ist der besondere Charme Gottes. An ihm können wir die Zuneigung Gottes erkennen. Gnade ist also Gott

selbst. Denn Gott schenkt sich uns. Er will als Antwort nicht irgendwelche Geschenke, sondern uns selbst!
Zwischen Menschen, die sich lieben, gibt es keinen Tauschhandel. Noch weniger zwischen Mensch und Gott. Charme, Spontaneität, Großzügigkeit und Selbstlosigkeit sind Zeichen echter Liebe.

Zur Selbstbesinnung
Gnade heißt Anmut, Charme, Wohlwollen, Wohltat, Gabe, Dank. Gnade ist ein anderer Ausdruck für die Liebe Gottes.
Das Tröstliche der biblischen Botschaft: Gott nimmt seine Verheißung trotz Schuld der Menschen nicht zurück.
Gott hat uns zuerst geliebt, bevor wir etwas für ihn tun konnten.
Gott liebt uns auch dann, wenn wir ihm den Rücken kehren.
Gott wendet sich uns mit unvorstellbarer Freigebigkeit und Großmut zu.
Gott erwartet nicht sklavische Gesetzestreue, sondern die innige Beziehung zu ihm.
Jesus zeigt uns den göttlichen Charme.
Wer Gnade, wer also die Liebe Gottes erfährt, wird zu lieben beginnen.
Erst durch die Zuwendung Gottes wird der Mensch wirklich glücklich.
Wer zuerst das Reich Gottes sucht, wird Gnade um Gnade erfahren.
Gott ist für alle da. Er liebt jeden Menschen. Jeder Mensch darf auf die Zuneigung Gottes hoffen.
Die letzte Wirklichkeit der Welt ist nicht Chaos, Tod, Haß, Gericht, sondern Friede, Gemeinschaft, Verzeihen, Gnade und Liebe!

Bibelstellen zum Nachdenken

»Die Huld des Herrn währt immer und ewig« (Ps 103,17).

»Aus seiner Fülle haben wir alle empfangen, Gnade über Gnade« (Joh 1,16).

»Durch Gottes Gnade bin ich, was ich bin« (1 Kor 15,10).

»Meine Gnade genügt dir; denn sie erweist ihre Kraft in der Schwachheit« (2 Kor 12,9).

»Der Gott aller Gnade aber, der euch in Christus zu seiner ewigen Herrlichkeit berufen hat, wird euch, die ihr kurze Zeit leiden müßt, wieder aufrichten, stärken, kräftigen und auf festen Grund stellen« (1 Petr 5,10).

6. Grundwahrheit:

Die Seele des Menschen ist unsterblich

Angesichts des Todes

Ich werde in die Klinik gerufen. Ich öffne die Tür: ein verzweifelter Mann, verzweifelte Angehörige neben dem Bett einer Toten. Da liegt eine Mutter, noch nicht dreißig, tot. Ich höre die Worte des Mannes: »Du darfst noch nicht fortgehen, jetzt noch nicht! Was soll ich den Kindern sagen?« Die unheimliche Stille! Das blasse, aber noch frische Gesicht, die Augen halb offen. Ich kann es nicht glauben. Das Leben hat sich zurückgezogen. Wir möchten es festhalten! Wir fragen: »Wohin gehst du?« Wohin geht der Mensch, den wir lieben? Wohin geht der Mensch, der für uns gesorgt und sich für uns eingesetzt hat? Wohin geht der Mensch? Wir tragen nur seine sterbliche Hülle auf den Friedhof. Wohin geht er selbst? Ich höre die Worte Jesu: »Ich bin die Auferstehung und das Leben. Wer an mich glaubt, wird in Ewigkeit nicht sterben ... Ich gehe hin, um euch einen Platz zu bereiten ... Wenn das Weizenkorn nicht in die Erde fällt und stirbt, bleibt es allein; wenn es aber stirbt, bringt es viele Frucht.« Ich sehe die Menschen, die fassungslos an den Gräbern weinen. Menschen, die die starr gewordene Hand loslassen und die gütigen Augen zudrücken müssen. Wohin gehen wir? Warum Leiden? Warum Sterben?

Keine Zeit für letzte Fragen?

Bleibt man an einer Straßenecke heute stehen, merkt man, wie eine ganze Stadt läuft. Alles hastet hinter der Zeit her. Sie alle wollen an ein Ziel kommen. Haben sie ein Ziel erreicht, wird das nächste angepeilt. Über Etappenziele kommt man nicht hinaus.

Ich hörte einmal einen Mann zu einem Freund sagen: »Warum bist du immer so hektisch? Du kommst zum Sterben immer noch früh genug!« Der Tod, das Sterbenmüssen, zwingt uns, über unsere Bestimmung nachzudenken. Auf sehr verschlungenen Wegen suchen wir uns vor diesen Fragen zu schützen. Zunächst verbannen wir alles, was an den Tod erinnern könnte, aus dem Stadtbild. Der Tod wird sozusagen ausgesiedelt. Dort, am Straßenrand, neben den Abfallplätzen, darf er seinen Schrecken und seinen Schauder verbreiten. Gespräche in der Gesellschaft über den Sinn des Sterbens werden mit der Bemerkung abgetan: »Sie sind zu jung – wer wird denn jetzt ans Sterben denken?«
Wir gehen in eine andere Welt. Wir werden verwandelt. »Er ist doch nicht ein Gott der Toten, sondern ein Gott der Lebenden.« Weil wir uns zu sehr an unsere irdische Welt klammern und wenig außerhalb unserer derzeitigen Sinneswahrnehmung gelten lassen, steigt die Todesangst.

Wer glaubt, vertraut

Er sieht nicht nur diese Welt, er schaut mit dem Auge und mit dem Herzen, mit zeitlichen und ewigen Augen. Wer glaubt, nimmt schon jetzt das ewige Leben im zeitlichen Leben wahr. Wer glaubt, spürt jetzt, daß wir Christen ein Tempel des Heiligen Geistes sind. Dieser Tempel kann nicht zerfallen. Das ist der Sinn der Glaubenswahrheit: Der Mensch hat eine unsterbliche Seele.

Wir leben ewig

Auch wenn die ältesten Bücher der Bibel keine bestimmten Vorstellungen von der Unsterblichkeit und dem Leben nach dem Tode vermitteln, hat dennoch der Israelit an eine Fortsetzung dieses irdischen Lebens nach dem Tod geglaubt. Die notwendige Konsequenz aus der Einzigkeit des Schöpfers und der Einzigartigkeit des Menschen ist das Teilhaben an der Unendlichkeit Gottes. Wir leben ewig – mit diesem Gesang zogen die Juden in die Gaskammern.

Einübung ins Sterben

Im Sterben muß der Mensch loslassen, ob er will oder nicht. Im Sterben bäumt sich das elementare Ich auf. Das Ich wollte zeitlebens etwas haben und etwas gelten. Wer einen Sterbenden begleitet, soll ihm helfen, einen Punkt jenseits des Todes zu sehen. Wir können uns täglich auf das Sterben durch die Einübung des Loslassens vorbereiten. Wir können uns von den Gütern, von den Titeln, von den Menschen und vom Leben lösen. Wir werden dadurch frei werden und den Tod als Übergang in eine endgültige Welt ohne Bitterkeit und Verzweiflung annehmen können. Der Tod wird durch das gründliche Denken und durch das vertrauensvolle Glauben überwunden. Die Frage eines Osterliedes: »Tod, wo ist dein Sieg? Tod, wo ist dein Stachel?« (1 Kor 15,55) kommt von gläubigen Menschen, die zu allen Zeiten ihre Todesangst durch den Blick auf Jesus Christus überwinden konnten.

Von der Auferstehung der Toten

»So ist es auch mit der Auferstehung der Toten. Was gesät wird, ist verweslich; was auferweckt wird, unverweslich.« Das Gesicht des Menschen offenbart sein Inneres. Güte, Strenge, Unerbittlichkeit, Nachgiebigkeit, Trauer, Zorn, Ergebung können sich nicht ohne den Leib ausdrücken. Der Leib ist nicht nur Körper. Er ist durchwirkt vom Geist. Wir können Leib und Seele nicht trennen. Erst der Tote hat einen ausdruckslosen, starren Körper. Der geistdurchwirkte Leib ist entschwunden, ein entseelter Leichnam bleibt. Der Mensch ist unsterblich. Wo die Bibel von der Auferstehung spricht, ist von einer Neuschöpfung des Menschen die Rede.

Hoffnung auf den Auferstandenen

Das Herzstück der neutestamentlichen Frohbotschaft ist der Glaube an den auferweckten Jesus. Das Leben ist stärker als der Tod. »Habt ihr im übrigen nicht gelesen, was Gott euch über die Auferstehung der Toten mit den Worten sagt: Ich bin der Gott Abrahams, nicht ein Gott der Toten, sondern ein Gott der Lebenden?« So deutlich zeigt uns Jesus die Verbindung, die der persönliche Gott mit dem persönlichen Menschen eingegangen ist. Aus der Geschichte des Volkes Israel läßt sich erkennen: Es bedeutet Gott viel, sich an Menschen, die unwiederholbar sind, zu binden, mit ihnen Geschichte zu machen, Freundschaft mit ihnen zu schließen. Gott hat den Menschen nicht beim Namen gerufen, um ihn im Nichts versinken zu lassen. An den Gott Jesu glauben heißt an das ewige Leben glauben. Der Glaube an die Macht dessen, dem kein Ding unmöglich ist, läßt uns darauf vertrauen, daß wir unser Leben auf ein weiteres Leben und nicht auf den Tod hin leben.

Auferstehung mit Leib und Seele

Jesus sagt zum Schächer am Kreuz: »Heute noch wirst du mit mir im Paradiese sein!« – »Du« meint die Person, das Eigentliche des Menschen. Der Leichnam bleibt, der Mensch, das Du, geht. Im Augenblick des Todes geschieht so etwas wie die Auferweckung des neuen Leibes. Der biblische Sprachgebrauch kennt keine unleibliche Menschenseele.

Der Auferstehungsleib ist nicht dasselbe wie die Moleküle und Atome, die dieser Erde angehören. Das Wie kennen wir nicht. Es ist gut, daß wir die Größe der Verheißung Gottes nicht abmessen können.

Die Auferstehung am Jüngsten Tag

Wir sind dazu erschaffen, zusammenzusein, Gemeinschaft zu bilden. Wenn Jesus über die Letzten Dinge spricht, hat er vor allem die Menschheit insgesamt im Blick. Die Auferstehung der Toten ist in die Vollendung der gesamten Schöpfung, in die Verwandlung des Alls eingebettet. Aus dem Weltuntergang gehen »der neue Himmel und die neue Erde« hervor, in denen der Auferstandene alle Gegenmächte zunichte gemacht und als letzten Feind den Tod überwunden hat (1 Kor 15,24–28). Somit wird nicht das Elend der Weltgeschichte, sondern die Herrlichkeit der Ewigkeit bleiben. Gott herrscht über alles in allem. Der Mensch und die Welt sind zur Reifung erschaffen. In diesem Glauben können wir uns intensiv für den Menschen und für die Erde einsetzen.

Das Ende der Welt

Das Ziel der Geschichte heißt Verwandlung, nicht Zerstörung! Wir Menschen sind mit unserer Umwelt verbunden. Es wird daher nicht nur eine Auferstehung der Menschen, sondern auch eine Auferstehung der gesamten Schöpfung geben. Johannes sieht in seinen Visionen einen neuen Himmel und eine neue Erde. Der erste Himmel und die erste Erde sind vergangen. »Da hörte ich eine laute Stimme vom Thron her rufen: Seht, die Wohnung Gottes unter den Menschen! Er wird in ihrer Mitte wohnen, und sie werden sein Volk sein; und er, Gott, wird bei ihnen sein. Er wird alle Tränen von ihren Augen abwischen: Der Tod wird nicht mehr sein, keine Trauer, keine Klage, keine Mühsal. Denn was früher war, ist vergangen« (Offb 21,3–4).

Zur Selbstbesinnung

Es gibt die unerbittliche Gewißheit: Wir müssen sterben. Zu allen Zeiten der Geschichte haben Menschen an ein Fortleben nach dem Tod geglaubt.
Der Mensch ist von Gott erschaffen. Gott hat eine persönliche Beziehung zu ihm. Weil Gott den Menschen liebt, wird er ihn nicht auslöschen.
Wer Menschen, Güter und Ehren loslassen lernt, wird gelassen sterben.
Der Kern der christlichen Botschaft ist der Glaube an die Auferstehung.
Der Mensch ist nicht zur Verwesung, sondern zur Seligkeit berufen.
Wir werden als Person, mit Leib und Seele, auferweckt.
Das Ziel der Geschichte ist in den Augen Gottes Verwandlung, nicht Zerstörung.
Gott, nicht der Mensch hat das letzte Wort in Zeit und Ewigkeit.
Wenn Gott uns heimführt, das wird ein Fest sein!
Nicht der Tod, sondern Gott wartet auf uns.

Bibelstellen zum Nachdenken

»Du hast mein Leben dem Tod entrissen« (Ps 56,14).
»Amen, amen, ich sage euch: Wenn jemand an meinem Wort festhält, wird er auf ewig den Tod nicht schauen« (Joh 8,51).
»Verschlungen ist der Tod vom Sieg. Tod, wo ist dein Sieg? Tod, wo ist dein Stachel?« (1 Kor 15,54f.)
»Wer nicht liebt, bleibt im Tod« (1 Joh 3,14).
»Der Tod wird nicht mehr sein, keine Trauer ...« (Offb 21,4).

Weitere Werke von Martin Gutl bei Styria

Martin Gutl
Der tanzende Hiob
128 Seiten, kartoniert

Martin Gutl
Loblied vor der Klagemauer
159 Seiten, kartoniert

Martin Gutl
Ich falle in Deine Hände
Meditationstexte
128 Seiten, kartoniert

Martin Gutl
Ich begann zu suchen
Texte der Hoffnung
128 Seiten, kartoniert

Nachdenken mit Martin Gutl
Texte, Meditationen, Gebete
271 Seiten, 52 Fotos, gebunden

Martin Gutl / Andreas Felger
Du bist Abraham
Meditation in Wort und Bild
127 Seiten, 18 mehrfarbige Holzschnitte, Leinen

Martin Gutl / Josef Dirnbeck
Ich wollte schon immer mit Dir reden
Meditationstexte
158 Seiten, kartoniert

Martin Gutl / Josef Dirnbeck
Ich begann zu beten
Texte für Meditation und Gottesdienst
112 Seiten, kartoniert